コミュニティビジネス入門
地域市民の社会的事業

風見正三・山口浩平　編著
木下　斉、松本典子、志波早苗、藤木千草　著

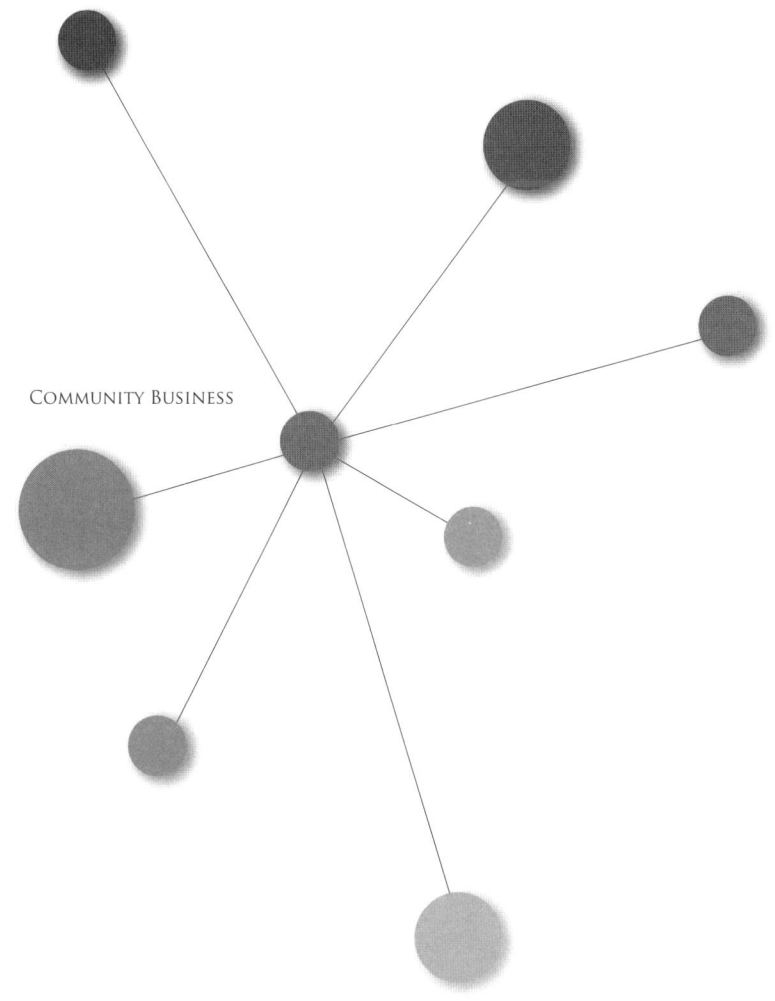

COMMUNITY BUSINESS

学芸出版社

はじめに

　近年、地域経済の衰退や地域環境の悪化など、我々をめぐる社会では様々な問題が山積しています。これらは、20世紀における、自然を尊重しない環境開発、利益重視の経済活動、人間性を軽視した社会制度などによって生じたものであり、これらの問題を解決するためには、経済・社会・環境の多元的な視点からのアプローチが必要となっています。そして、現在、このような複雑な諸問題を解決し、21世紀における持続可能な社会を実現するためのキーワードとして注目されているものが、「コミュニティ」の概念です。持続可能な社会の実現のためには、地域が主体となり、地域の歴史的な蓄積や生活文化等の豊かさを守り育てていくことが求められています。こうした地域の豊かな歴史や風土、生活や産業を将来に継承していくためには、地域資源を主体的に管理していく社会基盤としての「コミュニティ」の再構築が必要となっています。

　本書は、このような、20世紀の負の遺産を解消し、21世紀にふさわしい持続可能な社会を築いていく基礎となるコミュニティの重要性や地域の持続的な発展を支える新たなビジネスとしての「コミュニティビジネス」を学ぶ教科書として書かれました。現在、コミュニティビジネスに関する講義は、全国の様々な大学で設けられています。本書では、こうした注目を集めているコミュニティビジネスの基本概念を踏まえ、コミュニティビジネスの魅力や可能性について理解できる入門書となっています。特に、コミュニティビジネスを初めて学ぶ学生や市民の方々にも、コミュニティビジネスの基本的な知識や具体的なビジネスモデルを理解できるよう、多くの事例を盛り込むとともに、各講には、推薦図書や簡単な設問を設けています。巻末には用語集をまとめ、基本的な用語を踏まえながら、コミュニティビジネスの総合的な理解ができるよう配慮しました。

　また本書は、現在、様々な大学でコミュニティビジネスの講義を受け持っている教員及び実践の場でコミュニティビジネスに携わっている実務者との協働によって生まれた「理論と実践」をつなぐ教科書であり、「コミュニティビジネ

ス」「社会的企業論」「非営利経営論」等の講義で広く使われるための教科書となっています。コミュニティビジネスという新たな分野が定着してきた今日、基本概念を踏まえつつ、まちづくりや医療福祉、子育て、生協活動やワーカーズコレクティブなど、新たな領域に広がる「コミュニティビジネス」の全体像をつかみながら、その発展性を示す教科書を書き記したいという著者の使命感から生まれたものです。

本書の主な構成としましては、まず、第1講では、持続可能な社会の基盤となる「コミュニティ」の役割やそれらの連携によって育まれる「コモンズ社会」の重要性を理解するとともに、その実現の鍵となる「コミュニティビジネス」の発展過程や今後の可能性について学んでいきます。

続いて、第2講では、コミュニティビジネスが発展を遂げてきた背景となる「協働型社会」について、コミュニティビジネスの先進国であるヨーロッパの動向も理解しながら学んでいきます。

第3講では、コミュニティビジネスの事業的な特徴やその基盤となる「志」のビジネスや「社会起業家」といった概念について学んでいきます。特に一般的なビジネス、行政サービスとの共通点、相違点などを整理して、コミュニティビジネス特有の性質について理解していきます。

さらに、第4講では、コミュニティビジネスの経営面に焦点を当てながら、コミュニティビジネスの組織の在り方や特徴について学んでいきます。その中では地域のニーズに応えていくための組織としてのガバナンスの重要性についても触れていきます。

第5講では、以上の基本概念を踏まえて、具体的な事例をあげながら、コミュニティビジネスの実態や可能性について学んでいきます。特に、ここでは、消費生活協同組合を中心とした協同組合の特性やその事業規模などに注目し、コミュニティビジネスを行う上での生活協同組合の可能性について触れています。

そして、第6講では、地域の細かなニーズや課題の解決を目的としているコミュニティビジネスに注目し、このような組織が、経営に関する知識や事業分野の専門性をどのように克服していったのか、その様々なアプローチやそれらに対する支援制度など、様々な法制度や行政施策などについて学んでいきます。

最後に、第7講では、これからの展開が期待されるコミュニティビジネスによる新たなまちづくり事業の可能性について学んでいきます。これまでのまちづくりは、行政中心で進められることが多く、コミュニティビジネスの登場は、まちづくりの新たな可能性を提示しています。

　今日、地域の課題を解決する地域密着型の「コミュニティビジネス」や社会問題の解決を目指した「ソーシャルビジネス」など、新たな働き方が注目を集めています。こうした「コミュニティビジネス」やその担い手としての「社会起業家」の潮流は、疲弊した日本経済や衰退した地域に元気を吹き込む新たな希望となっていくでしょう。本書は、混迷する現代社会の中で、こうした社会改革、地域再生の担い手として新たなチャレンジに挑もうとする「志」を持った人々の将来に向けた羅針盤として寄与するものとなれば著者として望外の喜びであります。

2009年10月
著者を代表して
風見正三

コミュニティビジネス入門 ❖ もくじ

はじめに　3

第1講　持続可能な社会を築くコミュニティビジネスの可能性
　　　　風見正三 ———————————————————————11

1・1　地域社会の変貌とコミュニティの再構築　12
1　地域問題の複雑化とコミュニティの衰退　12
2　コミュニティの概念定義と多様な展開　13
3　コミュニティの連鎖による新たなまちづくり　14

1・2　持続可能な社会を築くコミュニティビジネス　15
1　コミュニティビジネスの社会的背景　15
2　コミュニティビジネスの概念定義　18
3　日本におけるコミュニティビジネスの展開　19

1・3　コミュニティビジネスによる地域再生　30
1　コミュニティビジネスの社会的意義　30
2　持続可能な地域づくりとコミュニティビジネス　33
3　コミュニティビジネスによる地域経営の展開　38

第2講　コミュニティビジネスの機能と基盤整備
　　　　協働型社会形成のパートナーとして　　山口浩平 ———————49

2・1　協働型社会への助走　なぜコミュニティビジネスが今必要なのか？　50
1　コミュニティビジネスを位置づける前提となる「協働型社会」　50
2　協働型社会とコミュニティビジネス　52

2・2　欧州における社会的企業論と「協働型社会」　53
1　社会的企業とは何か　54
2　協働型社会の担い手としての政策化　55

2・3　「協働型社会」における課題　58

1　概念の多様化　58
2　支援を行う根拠　61

2・4　「協働型社会」を支えるコミュニティビジネスの基盤整備　63

1　人の流れ―人材の流動化を進めるしくみづくり　63
2　お金の流れ　64
3　ネットワーク形成―生協など既存の非営利組織との協働、社会的経済　65
4　法・政策・制度　67

2・5　「協働型社会」におけるコミュニティビジネスの発展のために　67

第3講 | コミュニティビジネスセクターの特徴と社会起業家の役割

木下　斉 ─────────────────── 69

3・1　事業による社会問題解決　70

1　コミュニティビジネスに期待される役割　70
2　民間企業セクターの特徴と制約　74
3　社会的要請を経営的に解決する　76
4　コミュニティビジネスセクターの経営規模　78

3・2　社会起業家の役割　80

1　コミュニティビジネスにおける社会起業家の役割　80
2　社会起業家に求められる成果　83
3　社会起業家を支えるプラットフォーム　89
4　自らコミュニティビジネスに取り組む　91

第4講 | コミュニティビジネスのガバナンス

松本典子 ─────────────────── 93

4・1　コミュニティビジネスとガバナンス　94

1　コミュニティビジネスの定義と課題　94
2　コミュニティビジネスにおけるガバナンス　95

4・2　コミュニティビジネスの経営課題　96
1　コミュニティビジネスの分類　96
2　福祉分野におけるコミュニティビジネスの事例と特徴　98
3　コミュニティビジネスの経営課題とガバナンス　101

4・3　コミュニティビジネス・ガバナンスのあり方　104
1　コミュニティビジネス・ガバナンスの課題　104
2　コミュニティビジネスの発展に向けて　108

第5講 ｜ コミュニティビジネスにおける協同組合の可能性
志波早苗────111

5・1　協同組合とは何か？　歴史と今日的価値　112
1　協同組合が現代的に求められている　112
2　協同組合の歴史　112
3　協同組合の特徴　115

5・2　運動を事業に、事業を運動に　117
1　地域生協づくりと消費者運動　117
2　オルタナティブな働き方　119

5・3　コミュニティビジネスと協同組合　122
1　生協の規模とインフラ　122
2　生協のインフラ・システムをコミュニティビジネスにどう活かすのか　123

第6講 ｜ コミュニティビジネスに対する支援機能の必要性と課題
藤木千草────139

6・1　コミュニティビジネスに対する支援とは何か？　140
1　支援組織の形成過程と現状　140
2　日本における支援組織の運営と事業展開　142

6・2　支援組織の事例紹介　142
1　地域のニーズ・諸活動から発足　143
2　専門家による設立　148

3　当事者が自分たちで組織したもの　152

6・3　今後構築すべき支援機能　155
　　　1　課題の整理　155
　　　2　暮らしに役立つコミュニティビジネスの案内人
　　　　 「地域コーディネーター」養成　159
　　　3　社会的な基盤整備に向けて　160

第7講｜コミュニティビジネスとまちづくりの新たなる展開
　　　　　木下　斉　　　　　　　　　　　　　　　　　　　163

7・1　従来型まちづくりの終焉と新たな胎動　164
　　　1　補助金依存のまちづくり　164
　　　2　新たなまちづくりの胎動　167

7・2　まちを変えるコミュニティビジネス　171
　　　1　コミュニティビジネスによる、経営からのまちづくり　171
　　　2　成長が期待される事業型まちづくり会社　176
　　　3　コミュニティビジネスとの戦略的提携　179
　　　4　まちづくりにおけるコミュニティビジネスの展望　181

　　おわりに　183
　　注　186
　　参考文献　192
　　推薦図書　196
　　用語集　198
　　さくいん　204

第 1 講

持続可能な社会を築く
コミュニティビジネスの可能性

風見正三

❋

本講では、持続可能な社会の基盤となる「コミュニティ」の役割やそれらの連携によって育まれる「コモンズ社会」の重要性を理解するとともに、その実現の鍵となる「コミュニティビジネス」の発展過程や今後の可能性について考えていきます。

1・1
地域社会の変貌とコミュニティの再構築

1 | 地域問題の複雑化とコミュニティの衰退

　20世紀は、都市に膨大な人口や投資が集中した「都市の時代」であった。こうした急激な都市化の進展は、経済環境や生活基盤の充実をもたらす一方、過密問題や公害問題など、様々な弊害を招く結果ともなった。都市では、大規模な都市開発事業が進められ、自然環境、歴史資源、文化遺産などが消失の危機に瀕するとともに、都市生活の基盤であったコミュニティの崩壊が急速に進行している。

　一方、地域経済の衰退も深刻な状況を呈している。これまで、日本経済を支えてきた重厚長大型の産業は牽引力を失い、高度情報、医療福祉、環境などの新たな産業への転換が急速に進む中、農林業や伝統工芸などの日本の歴史的な基幹産業は存続が危ぶまれている。特に、農林業については、農業従事者の高齢化や後継者不足が深刻となっており、食料自給率の向上や安全な食材確保のためにも、緊急な対策が必要となっている。

　長引く不況の中、社会的な問題も深刻化を極めている。日本経済の大きな変局点となったバブル経済の崩壊後、失われた10年とされる1990年代を経て、世界経済を巻き込んだ米国の経済不況などが引き金となり、日本の雇用環境も安定性を失いつつある。終身雇用の崩壊、能力主義の導入、非正規雇用の増大など、企業の雇用調整や失業者問題は大きな社会問題となっている。

　今後も、このような事態が続けば、都市の豊かさや賑わいは失われ、農村の美しい風景や自然の生態系は消失の危機に瀕することになる。また、次世代を担うべき若年層の労働意欲も減退し、社会の担い手の不足が大きな問題となってくる。

　近年、地球環境問題も緊急性を増しており、それらの効果的な対応策を打ち出すためにも、国家や地域の経済的な基盤の再構築が必要不可欠となっている。現在、こうした、環境、経済、社会の複雑化した諸問題を同時解決していくた

めの革新的なソリューション（解決策）が求められている。我々は、こうした複雑な諸問題に対応するための具体的かつ戦略的なアクションを起こしていくことが求められており、そして、その鍵を握るのが、「コミュニティ」の再構築なのである。

2 ｜ コミュニティの概念定義と多様な展開

近年、「コミュニティ」という概念が様々な分野から注目されてきている。本来、「コミュニティ（Community）」という概念は、「共同体」を意味するものであり、歴史や文化を共有し、政治、経済などの様々な側面で結びついた「地域社会」を意味しており、一般的には、地域に根付いた「地域コミュニティ」 27 と理解されることが多い。

日本においては、「町内会」や「自治会」が代表的なコミュニティの基本単位として認識されているが、小学校区や中学校区などを意味することもある。この「地域」という概念は、身近な生活圏を意味する「地域（Community）」のレベルから国家間のまとまりを意味する「地域（Region）」までの幅の広いものとなっている。「欧州共同体（European Community）」注1は、1992年に調印された「マーストリヒト条約」によって導入された政策の枠組みであるが、この時の「Community」とは、国家間の「共同体」を意味している。

このように、「コミュニティ」という概念は、対象範囲が曖昧であり、「町内会」や「近隣社会」などの「地域社会」を意味する比較的小さな領域から、「国家間の共同体」といった国際的な領域まで、その認識は多様なものとなっている。

最近では、科学技術の発展や生活様式の変革から、「コミュニティ」の概念のさらなる多様化がみられる。インターネットを媒介し、地域を限定しない「インターネットコミュニティ」や、特定のテーマを共有し、世界的なネットワークを形成している「テーマコミュニティ」 32 などの存在が注目されている。インターネットは、空間的な制約を超えたリアルタイムの情報共有の機会を増大させ、社会システムを大きく変化させようとしている。

インターネット社会の到来によって、テーマコミュニティは急速に拡大してきている。テーマコミュニティとは、特定の地域に限定されない、共通のテー

マの下、様々な活動を行う柔らかな「共同体」であり、こうした高度情報基盤の整備が進展する中、地域の力だけでは解決できない複雑な社会問題を解決する重要な鍵となってきている。

本書では、こうした「地域コミュニティ」とその支援のために地域を超えた連携を行う「テーマコミュニティ」を含めたものとして、「コミュニティ」の概念を取り扱うことにする。

3 | コミュニティの連鎖による新たなまちづくり

まちづくり分野においても、このような地域コミュニティを核とした地域再生の方向性が論じられてきた。これからも地域の主体は、地域コミュニティであることは変わらないが、これからの時代は、それだけでなく、こうした地域コミュニティと多様なテーマコミュニティの連鎖による新たなまちづくりが求められている。

本来、まちづくりの主体は、地域住民であるが、これからは、地域を支えるための生産、消費、教育、医療、余暇、芸能などの地域活動を、地域住民の相互依存だけでなく、地域外との連携によって維持していく時代が到来しているのである。最近、まちづくりの担い手として、「よそ者、ばか者、わか者」が重要になると言われることがあるが、テーマコミュニティは、こうした地域の新たな担い手となる、地域外との連携、専門家との連携、世代間の連携を生む原動力になると言えよう。

近年、こうしたテーマコミュニティによって、地域問題を解決するための様々な取り組みが始まっている。地域を超えた重要な問題に対して世界的な専門機関が支援を行うといった事例も多くみられる。一例をあげれば、地球温暖化対策の推進に大きな影響を及ぼした環境NGOの「気候ネットワーク」や、名古屋市の藤前干潟を守った市民団体である「藤前干潟を守る会」⊃事例1・9とそれらを国際的に支援した「国際影響評価学会（IAIA：International Association for Impact Assessment）注2」などの国内外の学会の連携などは、その代表的な事例ということができよう。

テーマコミュニティの存在は、地域コミュニティの衰退が進むなか、新たなまちづくりの担い手として大きな可能性を有している。今日では、地域社会と

地域住民の関係がますます希薄となり、地域の防犯、防災、福祉、環境などの重要な生活サービスの維持が困難になってきている。この背景には、伝統的な地域コミュニティが持つ拘束力や規範に対して抵抗感を持つ若年層が増加していることや、担い手の高齢化の問題が大きく影響していると言えよう。このような都市化社会の進展や少子高齢化の進行によって、従来、町内会や自治会といった地域コミュニティが支えてきた相互扶助の部分が失われてきているのである。

しかし、その一方では、こうした地域活動には距離を置きながらも、特定分野の活動を行うテーマコミュニティに関心を示す人々も増加している。環境活動や福祉活動などの共通の関心や問題意識を共有する人々が、市民団体やNPOなどを結成し、市民を巻き込みながら、地域活動や社会活動を行っていく多様なテーマコミュニティのアプローチが増加してきている。一例をあげれば、市民グループによる文化活動や芸術活動、行政オンブズマン活動、環境教育活動などは、その代表例であり、その中には、組織化されたNPOも数多く存在する。

また、地域の重大な災害に当たり、防災組織、防犯組織などのコミュニティを超えた支援組織（テーマコミュニティ）が設立され、地域コミュニティとの協働を行う事例など、多様なコミュニティの連携による新たなまちづくりのアプローチもみられてきた。1995年に発生した阪神・淡路大震災がNPOの社会的な役割を全国的に認識させる契機となったのは周知の事実であるが、このような地域の緊急時に、地域の結束力が再び強まり、全国の様々な団体からの支援体制が組織されていったことは、コミュニティという概念が、まさに、特定の「地域コミュニティ」と様々な目的を持った「テーマコミュニティ」との連鎖によって形成されていくべき時代になっていることを示唆するものと言えよう。

1・2 持続可能な社会を築くコミュニティビジネス

1 コミュニティビジネスの社会的背景

現在、コミュニティの概念は多様化し、テーマコミュニティの連携による新

たなまちづくりへの期待も高まっている。このような重層的なコミュニティの展開は、多様化する現代人のライフスタイルを的確に捉えたものであるとともに、こうした新たなコミュニティの連鎖によって、個人や地域が元気になるコミュニティ主体のビジネスを生み出す原動力ともなっている。

このような地域課題の解決や地域活性化のために、コミュニティの視点から地域密着型のビジネスを起こす、「コミュニティビジネス（Community Business）」➕13が注目されている。「コミュニティビジネス」や「ソーシャルビジネス」➕25といった概念は、1995年の阪神・淡路大震災の際に、様々なボランティア活動が被災地の人々を支えたことから、その存在が知られるようになり、その後、コミュニティに密着した活動を事業化する取り組みが「コミュニティビジネス」として全国に広がり、社会的な潮流となっていった。これらの2つのビジネスモデルは、地域や社会を変革する解決策を自らの手によって生み出したいという起業家精神に基づいている。コミュニティビジネスには、地域を変革したいという「志」が原点にあり、ソーシャルビジネスには、社会を変革したいという「志」が原点にある。そして、これらのビジネスモデルには、共通した目標像や社会像が存在することが多い。これらの概念の定義については、未だ曖昧な状況ではあるが、その根底にあるものは、「社会貢献と経済活動を両立させるビジネスモデル」であり、まさに、「志」のビジネスということができるであろう。

そして、この「志」のビジネスという理念の原点は、経済学の父と呼ばれたA.スミスの著書の中に発見することができる。A.スミスは『国富論』[注3]の執筆に先駆けて、『道徳感情論』[注4]を発表している。A.スミスは、これらの著作の中で、「富への道」とともに、「徳への道」の重要性を説いている。このことは、A.スミスが提示した「見えざる手」という市場経済のメカニズムが、国土や地域を大切にする「道徳心」によって担保されることを示唆しているのである。いわば、A.スミスの提示した豊かな社会とは、こうした「志」によって導かれる「徳のある経済」が実現されることで初めて達成されることを示唆していると言えよう。

コミュニティビジネスやソーシャルビジネスは、まさに、こうした道徳的な規範を失った経済活動が生み出した社会問題や環境問題を解決するために登場

した潮流であり、その歴史的な出発点は A. スミスの提示したような「徳への道」という理念にみることができよう。

近年、日本経済が直面する深刻な閉塞感は、長引く経済活動の沈滞だけが要因ではなく、道徳を失った過度な自由主義経済がもたらした格差社会の増大や働くことの誇りや充実感を持てない社会構造にあり、コミュニティビジネスやソーシャルビジネスに対する若年層の期待感は、「地域のために働く」「社会のために働く」といった社会的な使命感から生ずるものであろう。

しかし、こうした社会変化は先駆的な経済学者、経営学者によって予測されてきている。J. ガルブレイスは、1983 年に発表した『不確実性の時代』[注5]で、資本主義経済の不透明な将来を予測し、「民主主義、リーダーシップ、責任」の重要性を論じている。この著書の中で、J. ガルブレイスは、「特定の利益は全体の利益に従属させなければならず、全体に最も役立つことが自分にも役立つという感覚の涵養を目指さなければならない（以下、省略）」と述べている。すなわち、健全な社会発展のためには、経済的な利益と社会的な利益が調和するような事業活動を展開することが重要となることを示唆したのである。

また、P. ドラッガーは、2002 年に発表した『ネクスト・ソサエティ—歴史が見たことのない未来がはじまる』[注6]において、これからの社会変革を担う起業家の存在や非営利組織の重要性を述べている。P. ドラッカーは、非営利組織の評価に際しては、多様な判断基準の組み合わせやバランスが重要となることを示唆しており、非営利組織の経営には、明確な「ミッション」を持ち続けることが重要となることを説いている。近年、「企業の社会的責任（CSR：Corporate Social Responsibility）」が問われているが、企業経営や個々人の働き方においても、社会的な使命感や責任感を持つことが重要となることを説いた本書は、経営学の未来を示唆するものとなっている。

こうした先人たちが示した社会や企業に対する視点は、現代の社会起業家が持つ経営理念とも合致するものであり、コミュニティビジネスやソーシャルビジネスの潮流は、これらの理念を実現しようとする現代的な試みとも言えよう。

そして、今こそ、これらの先駆的な経済学者、経営学者の提示した未来像が現実のものになろうとしている。これまで対立概念として位置づけられてきた「経済活動と社会貢献」「営利企業と非営利組織」といった二極対立の構造を超

えて、それらの統合や協調によって、コミュニティビジネスといった新たな事業が生み出される時、従来型の社会経済システムの変革が加速され、真の豊かさを実感する社会が我々の前に出現することになろう。

2 │ コミュニティビジネスの概念定義

近年、以上のような社会的背景の下、多様なコミュニティビジネスが展開してきている。コミュニティビジネスの基本的な視点は、個人と地域が連携していくことによって、お互いが「いきいき」とした関係を結び、そこから個人も地域も元気になるwin-win ✚03 の関係を構築していくことにある。これらの潮流は、地域の課題に密着した市民主体の事業としてのコミュニティビジネスや協働社会を支える多様な就労形態としての「ワーカーズ・コレクティブ ✚38（組合員の主体的な参加による有償の地域支援活動）」などの多様な事業形態や働き方を生み出してきた。

現在、コミュニティビジネスが、環境、福祉、教育、医療などの様々な問題解決の鍵として注目されているのは、そのアプローチが、「市民主体」「地域密着」「地域貢献」といった、地域の真の豊かさを実現するためのものであり、これまで日本社会で培われてきた「縁」や「結」注7といった地域主体の問題解決の仕組み（相互扶助や協力関係）の再生を促すものとして期待されているためである。

コミュニティビジネスは、これからの地域再生の戦略的なアプローチとして注目されており、その背景にあるものは、地域の真の豊かさを達成するための

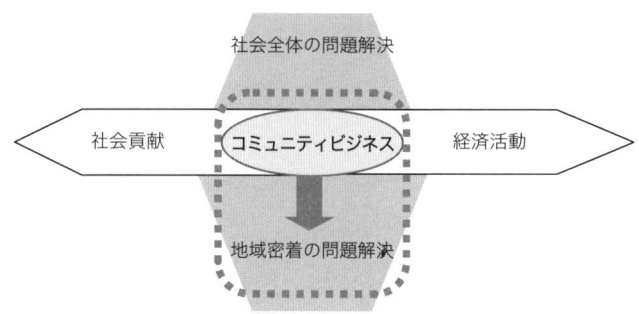

図1・1　コミュニティビジネスの領域

地域経済システム⊕26の再構築という命題である。個人を尊重する経済の在り方や地域を主体とした経済の仕組みが求められてきている。コミュニティビジネスの目標は、まさに、こうした真の豊かさの実現や社会的な公正の実現にあり、コミュニティビジネスは、それを、「経済活動と社会貢献との両立を目指した地域主体のビジネス」から達成しようとするものである（図1・1）。

以上のように、コミュニティビジネスの原点となるものは、「地域を元気にしたい」という「志」や「使命感」の存在にある。そして、この「志」が動機となり、地域課題を解決するために、個人が自律的に動きながら、様々な連携を生み出していくことがコミュニティビジネスの原型と言える。本書では、このような個人や地域を元気にするための新たなビジネスモデルを「コミュニティビジネス」として捉え、その概念を以下のように定義している。

「コミュニティビジネス」とは、コミュニティに密着した社会貢献的な活動を事業化する取り組みであり、自らの手で地域社会を良くしたいという「地域変革の志」が原点となっているビジネスである。そして、その基本条件は、「市民主体（市民、個人事業者、市民団体、NPOなどを含む市民起業型の事業）」「地域密着（地域の様々な資源を活用した地域密着の事業）」「地域貢献（事業利益を地域に還元する地域貢献型の事業）」であり、その根幹に、「地域を愛する心」「地域を良くしたい志」が脈打っていることである。いうならば、コミュニティビジネスとは、地域の市民が主体となり、地域の資源を活用しながら、地域の課題をビジネス的な手法で解決し、その活動で得た利益を地域に還元することにより、地域の活力や雇用を生み出す地域再生型のビジネスモデルということができる。

また、コミュニティビジネスの具体的な組織形態は、市民、市民団体、個人事業者、有限会社、特定非営利活動法人（NPO法人）⊕02、協同組合など、多様な形態が想定されるが、その特徴としては、地域の真の豊かさを実現するために設立された、地域発の事業体ということにある。

3 ｜ 日本におけるコミュニティビジネスの展開

近年、市民が主役となって地域の元気づくりを推進するコミュニティビジネスが全国で展開している。これらは、経済不況から企業の退職者が独立起業を

行うケース、利益優先主義の企業活動に疑問を感じ地域貢献型の事業に転換するケース、地域の伝統的なつながりを再構築するために地域密着型の事業創造を行うケースなど、多様なパターンが存在する。

我が国におけるコミュニティビジネスの先駆的事例（表1·1）としては、給食調理などの人材派遣の地域サービス会社を設立した「アモールトーワ」や、子育て中の母親がホームページを作成、地域の中小企業の情報発信を行った「すみだリバーサイドネット」（SOHO for Mothers）などがあげられるが、このような事例を参考としながら、現在では、全国で様々なコミュニティビジネスモデルが構築されている。コミュニティビジネスの本質は、こうした地域の課題に密着した地域サービスの事業化であり、初期段階では、小規模で自己実現型の取り組みも多くみられたが、現在では、環境、福祉、医療、教育、農業、観光など、様々な事業領域に展開してきている。

観光振興や地域交流の分野では、歴史的な蔵を活用した都市観光、交流事業を展開している「黒壁」や「醸室」⇒事例1·1 などが展開されている。田園保全や農業再生の分野では、有機栽培で育てられたゆずの加工販売による産地直売事

表1·1　日本におけるコミュニティビジネスの事例

プロジェクト名	所在地	概要
アモールトーワ	東京都足立区	商店街を地域住民の生活の支援の場として位置づけ、給食調理への人材派遣や高齢者への宅配サービス等を実施。
すみだリバーサイドネット	東京都墨田区	異業種交流グループ連絡会議から誕生し、主婦を中心に、ホームページや地域ミニコミ紙の作成等を実施。
黒壁	滋賀県長浜市	伝統的建造物群を保存・活用し、美術館、ギャラリー、ガラス工房、レストラン、カフェなどを展開し、多くの観光客が訪れる観光地へと変貌。
馬路村農協	高知県馬路村	「馬路村」という村自体の商品化を行い、村内販売所の整備や通信販売の充実によって、ユズの加工品などの全国ブランド化に成功。
中部リサイクル運動市民の会	愛知県名古屋市	使い捨て社会や環境破壊への危機感から設立され、地域リサイクルシステム、参加型の環境まちづくり、企業とのパートナーシップ、環境教育、エコ商品の開発・普及などの活動を展開。
ココ・ファーム・ワイナリー	栃木県足利市	知的障害者の自立を目指して設立されたワイナリー。知的障害を持つ人々が、ワインを一本一本丁寧に製造。2000年に開催された九州沖縄サミットの晩餐会で乾杯に用いられた。

業を展開する「馬路村農協」や、都市近郊の耕作放棄地を活かした市民農園事業を展開する「せんだいプチファーム」⦿事例1・2、地域で支える農業を実現した「鳴子の米プロジェクト」⦿事例1・3など、様々なコミュニティビジネスが展開されている。循環型社会の創造やエネルギーの分野では、地域で支える農業から循環型社会の構築を目指した「NPOふうど」⦿事例1・4、市民主導によるリサイクルステーション事業の開発を行った「中部リサイクル運動市民の会」、日本初の市民風力発電所を実現させた「北海道グリーンファンド」⦿事例1・5など、様々なコミュニティビジネスが展開され、NPO法人が連携して、政府の環境エネルギー政策に影響を及ぼすような政策活動を展開するまでに成長している。

　福祉の分野では、障害者雇用のワイン製造販売会社である「ココ・ファーム・ワイナリー」、在宅老人介護サービスを提供する「おひさまクラブ」⦿事例1・6など、様々なコミュニティビジネスが展開されている。環境共生や緑地保全の分野でも、都市近郊の里山保全を行うために、地域主体の緑地ビジネスを模索している「稲城南山・里山コモンズ」⦿事例1・7など、様々なコミュニティビジネスが展開されてきている。

　以下、代表的なコミュニティビジネスとして、「観光振興・地域交流分野」「田園保全・農業再生分野」「循環型社会・エネルギー分野」「福祉分野」「環境共生・緑地保全分野」などの先駆的なコミュニティビジネスの事例について、その経緯や概要を述べていくこととする。

❶観光振興・地域交流分野のコミュニティビジネス

　地域資源を活用した観光振興や地域交流拠点の形成は、コミュニティビジネスの主要なビジネスモデルと言えよう。そこでは、歴史資源や伝統行事などの保存や再生を基本とした様々なビジネスメニューが構築されている。

事例1・1　みちのく古川食の蔵・醸室と㈱まちづくり古川

　宮城県大崎市の「醸室」は、地域の商店経営者と行政の連携による地域の元気づくり事業として注目されている。大崎市では、中心市街地活性化を推進する「地域経営組織（TMO：Town Management Organization）」として、㈱まちづくり古川が設立されている。この組織では、行政と商工会議所が協力

して、まちの活性化のための戦略立案を行っている。具体的なテーマとしては、商業などの活性化事業、基盤整備事業、新産業創造事業を掲げ、まちづくりのためのソフト化戦略、商店街の再整備、新業種、新業態の支援などを行っている（図1・2）。

大崎市では、こうした組織が設立される以前から、古川地区の重要な地域資源である「蔵」を中心としたまちづくりが行われてきた。これは、古川の歴史を伝える蔵づくりの建造物（橋平酒蔵店）を駄菓子屋やギャラリー、貸しホールとして活用し、「みちのく古川食の蔵・醸室」として再生したもので、古川の新たな名所となっている。

図1・2　みちのく古川食の蔵・醸室

また、㈱まちづくり古川では、醸室のにぎわいを中心市街地に導くため、近接する空き店舗を活用した、「釜ちゃんブランドショップ事業」を展開している。このショップでは、地域の名産品やオリジナル商品を「釜ちゃんブランド」として認定し、販売を行っている。主な商品としては、米どころである大崎市を反映させた商品として米粉を原材料とした「釜ちゃんおやき」や「釜ちゃん饅頭」などの商品開発や、市場調査を行っている。

大崎市では、こうしたコミュニティビジネスへの支援措置をさらに強化していく方向にあり、今後も地域主体のまちづくりや商品開発の取り組みが本格化していくであろう。

❷田園保全・農業再生分野のコミュニティビジネス

田園景観の保全や休耕田などを活用したグリーンツーリズムや農業再生は、地方都市や農山村地域におけるコミュニティビジネスの重要なキーワードとなっている。農山村地域の特産品のPRや新たな商品開発などによる様々な農業ビジネスメニューが構築されている。

事例1・2 特定非営利活動法人せんだいプチファーム

　都市近郊における耕作放棄地の活用に関する取り組みとしては、「せんだいプチファーム」というプロジェクトが立ち上がっている。せんだいプチファームは、NPO法人まちづくり政策フォーラムを母体に発展を遂げてきた組織で、2007年8月にNPO法人となり、仙台市内の3か所において、市民農園の開設・運営支援を行っている。プチファームが運営支援している農場は、「栽培サポート型農園」として、坪沼農場（仙台市太白区坪沼：14区画（3m×6m）、年会費は1区画3000円）、岩切農場（仙台市宮城野区岩切：6区画（5m×12m）、年会費は1区画12000円）、「栽培指導型農園」として、富田農場（仙台市太白区富田：約20区画（1m×30m）、年会費は1区画24000円）となっている。

　この事業のコンセプトは、市民農園の「プチファーム」の事業展開によって、「農のある街・仙台暮らし」を実現させることであり、都市近郊型のグリーンツーリズムの推進や地場野菜の栽培を通して、健康で安全な食生活を実現することを目指している。また、現在、せんだいプチファームでは、「ふるさとの味伝承倶楽部」と称した教育ファーム事業を展開している。この事業は農林水産省の、にっぽん食育推進事業「教育ファーム推進事業」[注8]のモデル地区の認定をうけ、仙台地方の郷土料理である「長なす漬け」や「ずんだ餅」を作るまでの作業を畑から台所まで体験することにより、仙台地方の農村の暮らしと、景観や風土、食文化を学び、郷土愛を育むことを目的としている。

　都市と農村の融合という命題は、英国のE.ハワードの田園都市論に始まり、現在でも、実現に向けた様々な試みが行われているが、せんだいプチファームの思想も、まさに、こうした都市と農村の魅力を併せ持った「田園都市・仙台」の実現にあり、持続可能な地域創造の実現に向けた重要なアプローチの一つと言えよう（図1・3）。

図1・3　せんだいプチファーム

事例1・3 鳴子の米プロジェクト

　地域を支える農業の先駆的な取り組みとして、「鳴子の米プロジェクト」が注目を集めている。米どころ宮城は、日本を代表する品種である「ササニシキ」や「ひとめぼれ」の産地であるが、鳴子温泉から秋田県境まで広がる鬼首地区では、寒冷な気候のため、農業の存続が危ぶまれている。このような趨勢が続けば、山間地で米をつくる農家は消失し、鳴子温泉の美しい田園風景が消えてしまうことになる。そこで、鳴子温泉の農業が生み出すこの美しい風景を守るため、鳴子の農業を地域の力で守っていこうという「鳴子の米プロジェクト」が始まった。このプロジェクトは、山間地に適した「東北181号」という新しい米の試験栽培が行われ、2006年に、3軒の農家によって30アールの水田に作付けされたことから始まっている。その後、この新種の米は「ゆきむすび」として完成し、2007年には、35軒の農家によって10ヘクタールの規模まで拡大していった。

　「鳴子の米プロジェクト」は、地域の熱い想いが生み出した「米」の物語が都会の人々の「心」に伝わり、地域を超えた「志の連鎖」が新たなコミュニティビジネスの成立を支えた事例である。東北の寒冷地で手間のかかる農作業から生まれた高価格の米を購入する地域外のファンの存在が、鳴子の米と風景を支えているのである。「ゆきむすび」という名称は、まさに、米づくりを通して、山間地の人々と都会の人々、作る人と食べる人を結んでいきたいという想いから名付けられているのである。こうした地域の農業や風景を守り、次世代に残していく仕組みを創造する田園保全・農業再生分野のコミュニティビジネスは、持続可能な地域をつくるための新たな農業の再構築の手法として今後の展開が期待される。

❸循環型社会・エネルギー分野のコミュニティビジネス

　近年、地球環境問題の深刻化の中で、持続可能な農業の再構築を目指す先駆的な取り組みが注目を集めている。

事例1・4 特定非営利活動法人小川町風土活用センター（**NPO**ふうど）

　埼玉県小川町の「NPOふうど」は、コミュニティを主体とした持続可能な

農業の再構築を通して、循環型社会の創造を目指す先駆的な事例である。小川町では、近年の気温上昇の影響などにより農作物の収穫が下がり、農業の継続が困難になる事業者が増加してきていた。また、農業就業者の減少も深刻となっており、山林や用水、農地の荒廃が進み、安全な食料生産も危ぶまれてきていた。このような背景の中、小川町では、地球環境問題に対する危機感が高まり、農業を守るためには、地域の環境を守る必要があるという認識が高まってきた。その結果、1996年に、小川町の地域住民を中心にした「小川町自然エネルギー研究会」が設立され、1998年には、「自然エネルギー学校」が開校されることになった。

自然エネルギー学校では、太陽光、風、水といった地域資源を活用した持続可能な生活様式の研究や、有機農業の導入などについて検討が進められるとともに、農業者は、有機農業を核にした付加価値生産による収益性の向上を目指し、作物や家畜の副産物（わら、収穫残渣、家畜糞尿）を利用したバイオガスや堆肥などの研究や生産を進めることとなった。自然エネルギー学校の具体的な取り組みとしては、ソーラーパネルの製造による太陽エネルギーの利用、廃油燃料の製造とトラクターへの活用、生ごみの資源化による堆肥利用の野菜栽培とバイオガス採取、環境教育や人材育成など、循環型社会の構築に向けた様々な環境保全活動が推進されてきている。また、こうした自然エネルギー学校の具体的活動は、地域住民の農業に対する関心を高めるとともに、「地域で農業を守る」という哲学や循環型社会を地域に広めることに役立った。

これまでも、小川町の住民の多くは、地域への深い愛着を持ち生活を営んできたが、地球環境問題に対する危機感を身近に感じ、山河、森、田園、農作物、祭事などの地域の財産を次世代に残すためには、地域住民が、地域の風土を見つめる洞察力を持ち、生活の中で実感することが必要不可欠であると強く認識したのである。NPOふうどの哲学は、「地域に対する愛着が農業を守る」ということであり、そのためには、行政に頼らない地域協働のまちづくりが重要と考え、NPOふうどを設立するに至ったのである。

また、小川町では、風土を守るための「地域通貨」を導入しており、NPOふうどによる「野菜クーポン」の発行も行っている。この野菜クーポンは、

行政を通して、生ごみ分別収集に参加する住民などに配布され、地域農家が栽培する野菜と交換される。農家が野菜と交換し受け取った野菜クーポンは行政が現金化する仕組みとなっている。まさに、野菜クーポンは、地産地消を促進する地域経済システムとして機能しており、小川町の風土を守るための重要な社会インフラとなっている。

　以上のように、小川町の様々な地域活動は、農林業を支援する基盤となり、小川町の田園風景の重要な要素である、河川、森林、農村景観、動植物、気象などを守ることに役立っている。「地域を守る」という連帯感は、郷土食、加工品、祭事、おすそ分けなど、古くからの農村文化の継承を呼び起こすことにもつながっている。小川町では、有機農業を「風土をつくる産業」として位置づけ、循環型社会の構築を目指した様々な地域活動の支援システムを創造してきている。

　NPOふうどが意味する「ふうど」とは、田園風景を支える自然環境や農林業に関わる社会インフラ、農村文化を継承する社会制度などを総称した概念であり、循環型社会を構築するための基盤である。NPOふうどの取り組みは、地域の力で農業を守る「持続可能な農業システム」の創造であり、循環型社会を支える基盤としての風土とそれらを守るコミュニティの重要性を示唆した先駆的な事例と言えよう。

事例1・5　特定非営利活動法人北海道グリーンファンド

　エネルギーを核としたまちづくりの取り組みとして、自然エネルギーを活用した環境コミュニティビジネスの試みも始まっている。「北海道グリーンファンド」は、2000年に、北海道電力と風力発電による電力買い取りの契約を締結し、市民からの出資も募りながら、2億円の基金をもとに、市民風車の事業会社である㈱北海道市民風力発電を設立した。資金の内訳は、株式出資2500万円（北海道グリーンファンド1000万円、13人の個人出資1500万円）、匿名組合出資[注9]1億4150万円（17年契約、個人200名と法人17団体）となっており、残りは金融機関からの融資を受けている。2001年8月には、㈱トーメンパワージャパン（現在は㈱ユーラスエナジージャパン）の支援を受け、市民風車「はまかぜちゃん」（北海道浜頓別頓別町：990kW）も建設している。

これにより、日本初の市民風車という新たなビジネスモデルが構築され、その後、秋田県天王町や青森県鰺ヶ沢町などに市民風車が建設され、市民風車の潮流が広がっていった。地球環境時代における地域エネルギーの自立は、持続可能な地域創造に向けた重要課題である。市民発電所は、こうした市民による地域のエネルギー自立の促進と環境コミュニティビジネスという新たな領域を拡大している。

❹福祉分野のコミュニティビジネス

　近年、少子高齢化社会が深刻な問題となり、高齢者を支える仕組みが求められている。特に、核家族化や共働き世帯の増加によって、家族だけで高齢者を支えることが難しくなり、地域で高齢者を支える仕組みが重要となってきている。また、障害者の自立や社会的弱者を支える様々な取り組みも行われている。このように、福祉分野は、持続可能な社会の構築に向けた基本的な要件であり、全国で様々な事業や活動が展開されてきている。

事例1・6　特定非営利活動法人おひさまくらぶ

　宮城県仙台市泉区の泉パークタウンにある「おひさまくらぶ」は、長く住み慣れた地域で暮らしていきたい高齢者とそのご家族を支援するために、デイサービスやケアプランのサービスを提供している。同法人は、高森地区と赤坂地区に2か所に施設を保有し、活動を展開している。主な事業内容としては、高森地区では、デイサービスとケアプランのサービスを提供しており、赤坂地区では、デイサービス（温泉付き宿泊施設）を中心にサービスを展開している。

　地域における介護分野は、経営的には難しい分野ではあるが、高齢者を支えるという志を共有する人々によって運営が続けられている。法人のパンフレットには、「その人らしくいつまでも住み慣れた地域で生活できるよう、主にお年寄りとそのご家族を支援します」との表記があり、スタッフの地域福祉への基本理念が示されている。同法人の今後の課題としては、各々のNPOの適正規模での運営を目指すこと、他のNPO団体とのネットワーク形成、国の保険の制度変更に影響を受けない運営システムの確立などをあげている。

このような、地域の住民が高齢者になっても気持ち良く住み続けられるまちは、持続可能な社会の基本条件となるものといえよう。

❺ 環境共生・緑地保全分野のコミュニティビジネス

持続可能な都市の創造に向けて、「緑地・農地」を社会的に維持・保全するための先駆的な取り組みが注目を集めている。

事例1·7 稲城南山・里山コモンズ

東京都稲城市の「稲城南山・里山コモンズ」は、コミュニティを主体とした持続可能な緑地保全を目指している先駆的な事例であり、その手法は、自然環境の保全に対する社会的費用や便益のあり方を論じる先例となった。「里山コモンズ」は、都市内に残る貴重な緑地を地域の「共有財産（コモンズ）」 ➡14 として地域主体で維持・管理していこうとする試みであり、こうした貴重な里山を地域住民と事業者との共有によって維持管理する手法を模索している。この試みは、東京都稲城市に残る貴重な大規模緑地に宅地開発事業が提案されたことから、これらの貴重な里山景観や地域農業を存続させるための緑地保全手法について検討を始めたことが発端となっている。

このような背景から、2001年に、「南山の自然を守る会」が設立され、貴重な緑地保全の重要性を市民に問いかける活動が開始された。具体的には、農業体験や自然観察会などを企画、実施し、土地区画整理事業組合との間では、一定の緑地を残す方法論について意見交換が始められた。また、2006年より、「南山の自然を守る会」は、日本不動産学会「環境資産形成研究会」の協力を得ながら、住宅地造成に伴う共有緑地を地域の「コモンズ（共有地）」として管理していく方法について活発な議論を始めている。「環境資産形成研究会」では、都市内の貴重な自然環境を「環境資産」として位置づけ、事業者との共同事業による「里山付き住宅」の可能性を検討している（図1·4）。

「里山コモンズ」の取り組みは、南山の自然をより多く残すための里山を活かしたまちづくり活動であり、緑地や里山という地域の「共有財産（コモンズ）」を地域住民と開発事業者との協働によって保全を行う事業手法を模索する先駆的な事例である。通常、コミュニティで緑地を守ろうとする場合、地

域の住民、企業、行政が主体になることが多いが、「里山コモンズ」の場合は、土地区画整理事業組合や開発事業者、建設される住宅の購入者、地域住民や農業者などの協調を図りながら、地域の貴重な緑地を保全する不動産事業の仕組みを模索しようとするものである。いわば、「里山コモンズ」とは、日本の伝統的な森林保全制度である「入会地（コモンズ）」を現代的に再構築するものであり、住宅開発によって生み出される新規の住宅購入者に「共有の庭」としての里山の権利を購入させる提案である。

図1・4　稲城南山・里山コモンズ

「南山の自然を守る会」のビジョンは、住宅開発の全面的な拒否ではなく、持続可能な社会にふさわしい緑地保全のあり方を模索することにある。そのためには、開発事業者や土地所有者の意向を確認し、適切な緑地保全手法や財源問題などを検討するとともに、地域農業の存続の可能性も考慮しながら、事業者や地権者を含めた地域全体の合意形成を進めていく必要がある。このことは、まさに、地域の「共有財産（コモンズ）」としての緑地を支えるコミュニティのあり方を模索していることに他ならない。地域の貴重な資源や慣習を共有することにより、持続可能な緑地の保全を実現することは、地域経営組織としてのコミュニティが果たす重要な役割であり、自然資源が持つ価値を持続的に利用するための社会制度の確立は、社会的な環境資産としての緑地を守る重要な枠組みとなる。

今後、「里山コモンズ」の実現に向けては、これらの緑地を地域の構成員のすべての所有・管理によって維持していく「総有」[注10]といった新たな理念の導入も必要になると言えよう。そして、こうした地域の歴史や風土を次世代に確実に継承していくためには、地域の住民や企業、行政、新住民が一体となった戦略的な経営組織としてのコミュニティを再構築していくことが求められるのである。

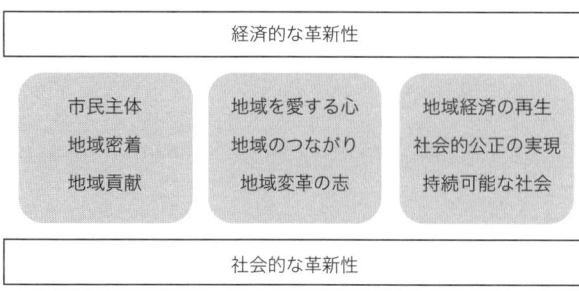

図1・5　コミュニティビジネスの概念

　コミュニティビジネスとは、こうした様々な地域課題を解決するための新たなビジネスモデルの開発とそれらが生み出す新たな社会システムの構築という2つの側面や意味を持っている。コミュニティビジネスとは、まさに、このような「経済的な革新性」と「社会的な革新性」を併せ持つ新時代の事業創造プロセスであり、地域再生、環境再生、都市再生といった先端的な目標を実現する戦略的なアプローチということができよう（図1・5）。

1・3 コミュニティビジネスによる地域再生

1 ｜ コミュニティビジネスの社会的意義

❶コミュニティビジネスによる新たな公共の再構築

　コミュニティビジネスは、持続可能な社会の実現に向けて、様々な分野で実践されてきている。まちづくり分野においては、コミュニティビジネスは、これまで行政が担ってきた公共サービスを市民主体で担っていく「新たな公共」の担い手として大きな期待を集めている。これからのまちづくりは、こうした地域の様々な構成要素（ステイクホルダー）の協働によって自律的な発展を遂げていくことが求められており、「協働（ともにはたらき）」、「協創（ともにつくり）」、「協栄（ともにさかえる）」といった持続的な仕組みを再構築していくべき時代にきている。これからのまちづくりの目標像とは、これまでの行政が

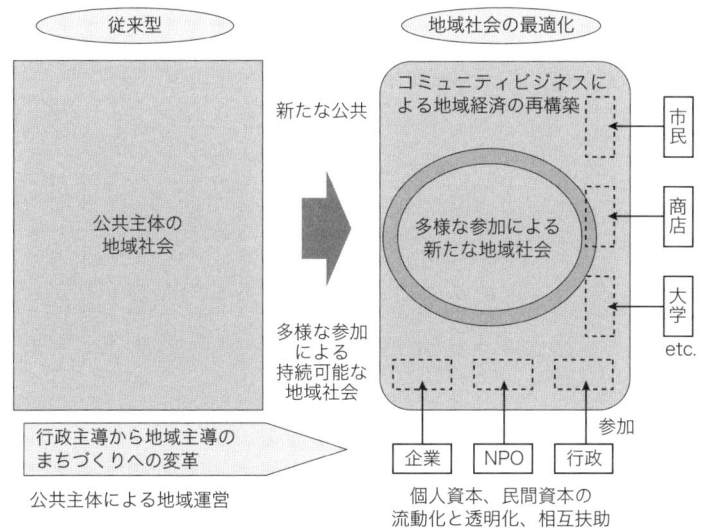

図1・6　多様な参加による新たな公共の実現
(出典：タイセイ総合研究所・細内信孝 (2002) をもとに作成)

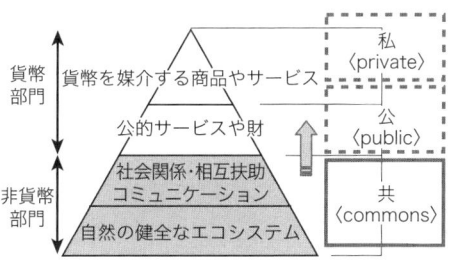

図1・7　社会経済システムとコモンズの再構築
(出典：宇沢弘文 (2000)、多辺田政弘 (1990) をもとに作成)

市民を誘導してきた「公共主体の地域社会」ではなく、市民、企業、行政、大学などの多様な参加による「新たな地域社会」の実現であり、そのためには、それぞれの立場からの変革が求められているのである (図1・6)。

このような「新たな公共」の実現に向けたまちづくりの潮流は、「コモンズの再構築」という新たな経済システムの変革を促している。本来、地域社会を支える経済システムは、主に貨幣部門 (私：Private と公：Public からなる) と非貨幣部門 (共：Commons) と呼ばれる領域から構成されている。しかし、現代では、貨幣を媒介とする商品やサービスを提供する貨幣部門 (私・公) だけが

第1講　持続可能な社会を築くコミュニティビジネスの可能性　31

肥大化し、それらを成立させるために必要不可欠な自然環境や相互扶助といった非貨幣部門（共）は脆弱化していくことになった。今後もこうした傾向が続くならば、地域社会の根幹であるコミュニティはさらに衰退し、地域の豊かさは失われてしまうであろう（図1・7）。

コミュニティビジネスとは、このような「共（Commons: コモンズ）」が果たしてきた社会的な役割を市民事業組織やコミュニティ組織が担うことにより再構築していくものである。

❷ 社会的共通資本としてのコミュニティの再構築

近年、地域の持つ社会的な「共有財産（コモンズ）」を地域で主体的に管理しながら、持続可能な地域を創造していく仕組みとして、「社会的共通資本（Social Common Capital）」 ➕18 という理念が注目されている。宇沢（2000）は、「社会的共通資本」とは、「一つの国ないし特定の地域に住むすべての人々が、ゆたかな経済生活を営み、すぐれた文化を展開し、人間的に魅力ある社会を持続的、安定的に維持することを可能にするような社会的装置」であると定義している。具体的には、「自然環境（土地、大気、土壌、水、森林、河川、海洋など）」「社会的インフラストラクチャー（道路、上下水道、公共的な交通機関、電力、通信施設など）」「制度資本（教育、医療、金融、司法、行政など）」の要素から構成されるものであるとしている。これらの要素は、まさに、持続可能な社会を構築するための基本的な要素であり、自然環境、社会基盤、制度資本の3つの要素が総合的に連携することにより、地域の特性に基づいた持続可能な発展が実現されていくことになると言えよう（図1・8）。

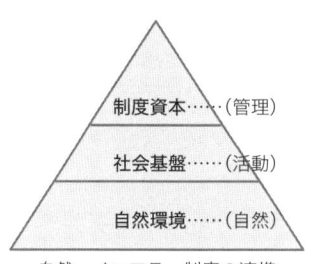

図1・8　社会的共通資本の概念

近年、全国で展開されている協働型のまちづくりは、真の地域再生に向けた大きな潮流となっている。こうした市民が主体となった地域再生の代表的な事例としては、滋賀県長浜市の「黒壁スクエア」や、埼玉県川越市の「蔵造りのまち」などがあげられる。「黒壁スクエア」は、日本における地域主体の市民事業の先駆的な事例であり、地域の伝統的な

景観である黒壁建築（第百三十銀行長浜支店）を保存するため、市民が主体となって、ガラス工芸店を展開し、地域の新たな観光資源としたプロジェクトである。

　このような市民主体のまちづくりの潮流は、地域の歴史資源の消失といった深刻な事態に直面した市民や事業者が、「地域の誇りを守りたい」という「志」を共有することによって実現した市民主体のまちづくり事業であり、これからの地域再生の新たな可能性を示唆するものとなっている。これらの取り組みは、地域の重要な財産を「社会的共通資本」として再認識し、地域主体の持続的な事業や活動によって保全・活用することを目指したものであり、地域社会における「新たな公共」の再構築を促すものとなっている。

　コミュニティビジネスは、「地域を愛する」という志が、「地域で守る」「地域で育てる」といったコミュニティの再構築に発展していくことによって成立しているものであり、このような、「地域への愛」や「地域の誇り」が、失われてきた「地域のつながり」を再生し、地域の真の活力や豊かさを取り戻す原動力となっているのである。

　現在、コミュニティの多様化が進む中、環境問題や地域問題に対処するためのコミュニティの再構築が必要不可欠となっている。日本においては、都市化の進展に伴い、コミュニティの存在は希薄となり、地域の主体的な参加は減少する傾向にあったが、環境問題や治安悪化など、様々な地域問題が発生したことにより、それらの解決のための戦略として、コミュニティを主体とした地域マネジメントの重要性が再認識されてきている。

　これからのコミュニティは、地域の管理運営を担う限定的な組織から、地域の発展を担う戦略的なコミュニティ経営組織として変革を遂げていくことが求められている。持続可能な社会の実現に向けて、地域の歴史資源や豊かな生活文化を総合的に管理し、それらを次世代に継承する「コミュニティ」の存在は、21世紀における重要な社会的共通資本として再評価されることになる。

2 ｜ 持続可能な地域づくりとコミュニティビジネス

❶ 地球環境問題と社会的共通資本

　21世紀を迎え、環境問題の解決のためには、失われたコミュニティの再生と

いう視点が重要となっている。我が国では、自然と共生する持続可能な生活様式が数多く存在していたが、現在では、都市型のライフスタイルの浸透により伝統的なライフスタイルは消滅の危機に瀕している。これまで農山村が支えてきた「里山」の機能は脆弱化し、地域の田園景観は危機に瀕している。我が国の都市は、急激な都市化の中で、著しい環境変化を経験してきており、21世紀は、こうした複雑な諸問題を解決し、「持続可能な社会（Sustainable Society）」を構築するための戦略的なソリューション（解決策）を提示することが急務となっている

「持続可能性（Sustainability）」という概念は、1987年の「環境と開発に関する世界委員会(WCED)」において、「持続可能な発展(Sustainable Development)」という概念が定義されたことから、世界的に認識されるようになってきた。この世界委員会は、「持続可能な発展」を、「将来世代が自らの必要性を満たす能力を損なうことなく、現在世代の必要性を満たす発展」として定義しており、その実現に向けては、次世代を含めた長期的な視点からの人間活動の管理が重要となっていることを示唆している。

「環境と開発に関する世界委員会」の提案が示すように、持続可能な社会の構築には、長期的な視点に立った都市や地域のマネジメントが重要となる。そして、その実現のためには、地域の自然環境や歴史資源を「社会的共通資本」として位置づけ、それらを地域主体で自律的に経営していくためのマネジメントノウハウや新たなビジネスモデルが重要となる。コミュニティ主体で地域の資源循環を促進するような産業連関システムや地域主体による緑地保全ビジネスなど、地域資源を活用した新たな環境コミュニティビジネスの実践が重要となろう。

21世紀にふさわしい持続可能な社会の実現には、これまでの地域発展の中で失われてきた自然と人間、産業と生活、歴史と文化といった、「地域のつながり」を再構築することが重要となり、そのためには、地域の歴史資源や文化資源を尊重し、地域の生態系や循環システムに配慮したコミュニティを主体とした社会経済システムの構築が必要不可欠となる。コミュニティビジネスは、こうした持続可能な地域づくりを支えるコミュニティの自立を誘発し、地域の独自性を活かした多様なライフスタイルや地域産業の再構築を促進する重要なア

プローチとなるものである。

❷社会的共通資本としての農業の再構築

　21世紀は、大量生産、大量消費、大量廃棄といった、これまでのライフスタイルを脱却し、地域特性を踏まえた持続可能なライフスタイルを実践していかねばならない時代である。近年では、地方都市や農山村の生活様式も大きく変化しており、農林業の「環境保全機能」は著しく低下してきている。これにより、これまで農山村が支えてきた里山は急速に崩壊し、地域の美しい田園景観や生活環境は危機に瀕している。

　このような背景から、持続可能な地域社会を構築するために、地域の自然環境と共生する地域循環システムの創造を目指す試みが全国で注目を集めている。その根幹になるのが、社会的共通資本としての農業の再構築である。

　現在、全国で展開する「菜の花プロジェクト」は、こうした取り組みの代表的な事例である。全国的な連携を進める「菜の花プロジェクトネットワーク」は、地域資源を地域内で利用する「資源循環型の地域づくり」を目指す全国組織（本部：滋賀県安土町）である。この組織は、1970年代に、琵琶湖の水質悪化が深刻化したことから、地域の生活環境を改善するため、廃食油等によるせっけんの使用を推進する運動が滋賀県で始まったことが起点となっている。この動きは、滋賀県民や各種団体を巻き込んだ「せっけん運動」へと展開し、琵琶湖の富栄養化を防止する条例制定の原動力ともなっていった。1978年には、これらの運動が家庭から出る廃食油等を回収したせっけんリサイクル運動につながり、やがては、住民や消費者団体、市町村などを巻き込んで、滋賀県下各地に広がることとなった。2001年4月28日には、滋賀県新旭町で、全国で「菜の花プロジェクト」を実践している人々（27府県、500人）が集まり、「菜の花サミット」が開催された。「菜の花プロジェクトネットワーク」は、こうした市民主導の産・官・学・民のパートナーシップにより、菜の花を中心とした資源循環型社会の地域モデルの実践を目指して活動を続けている。

　「菜の花プロジェクト」の特徴は、地域が一体となった資源回収システムにあり、地域の資源循環を支える適正技術の開発と活用にある。そして、このためには、地域の資源循環を創り出すための持続可能な農業経営が重要な鍵となる。

```
              持続可能な地域創造
                 (地域連携)
   森林の再生              農業の再生
  (CO₂の吸収)   菜の花プロジェクト   (環境保全
            の社会経済効果    環境観光)
            ・菜の花畑・・＞収穫・・＞
            搾油・・＞食用油活用・・＞
            地域流通・・＞回収・再処理・・＞
            燃料使用・・＞農作業利用
                暮らしの再生
                (循環型社会)
```

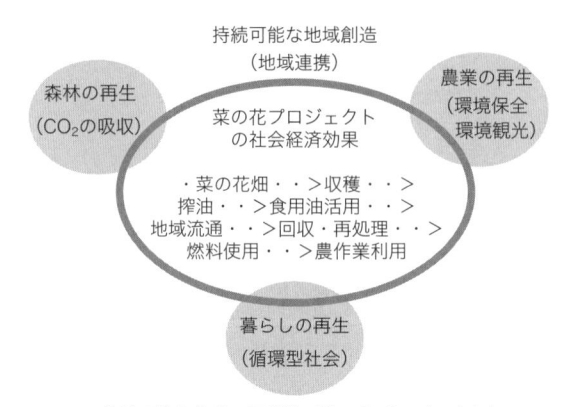

図1・9　持続可能な農業の再構築（菜の花プロジェクト）

まさに、「菜の花プロジェクト」の主軸となるものは、バイオマス資源の循環と利用促進、遊休農地などの有効利用、地産地消と普及活動といった視点であり、これらの活動は、エコロジカルな暮らしの再生、農の再生といった地域の重要課題に対する具体的な解決策となっている。また、この試みは、観光振興や環境教育などの地域への多様な効果を生み出し、コミュニティの自立と連携を促す先駆的なモデルともなっている（図1・9）。

❸「地域で支える農業：CSA」の潮流と可能性

　近年、このような地域循環システムを構築しながら、地域が一体となって農業を支えていこうとする試みが注目されている。日本の農業は、食料の自給率の低下や飼料などの輸入依存度の高まりから、農業の持続可能性や食の安全保障の側面において危機的な状況にあり、その対策が急がれている。このような中、「地域と共生する農業」への変革は、持続可能な社会の実現に向けた重要課題であり、「社会的共通資本」としてのコミュニティの重要性を示唆する先駆的な事例として注目されている。

　「地域で支える農業（CSA：Community Supported Agriculture）」[+29]は、このような潮流から生まれた代表的なビジネスモデルである。この理念は、1960年代に、日本で行われていた生産者と消費者による「産消提携」という営農形態が米国に伝搬し、国際的に注目されたものといわれている。「地域で支える農業」の理念とは、消費者は安全な食料供給を受ける代わりに、その農地や農家

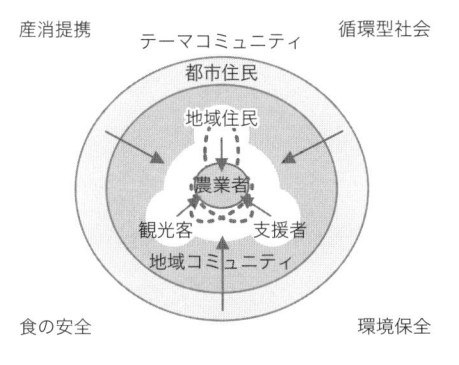

図1・10　地域で支える農業：CSAの概要

をしっかり支援することが必要であるというものであり、そのことによって、農家もその支援に応える農産物を作ることに専念できるというビジネスモデルである（図1・10）。

　こうした取り組みが注目されてきた背景には、地球環境問題が深刻化する中で、フードマイレージや食の安全への意識が高まり、地域の食材を地域で消費するという透明な流通システムや環境保全型農業への関心が高まってきたことなどがある。また、こうした「地域で支える農業」の潮流は、小規模農家が新しい販売ルートを開拓するチャンスにもなり、米国を中心に急速に浸透していった。「地域で支える農業」の社会的な意義は、コミュニティが食の安全や環境保全を主体的に実現するという点にある。このように、「地域で支える農業」は、地域の資源を活用した循環型社会の構築に役立ち、生産者と消費者のリスク分担による食料供給の安定化に向けた具体的なアプローチである。「地域で支える農業」は、生産者と消費者が一体となり、農作業や農産物の配布などの作業を分担しながら、恵みを分かち合い、大地とのつながり、自然への親しみなどの価値を共有していく新たな農業経営のアプローチである。

　日本において、このような理念を実践している取り組みとしては、山間地域の農業振興や営農支援を通して、仁淀川上流地域の農地や豊かな自然環境の保全を行っている高知県吾川郡いの町の「㈶いの町農業公社」[注11]がある。同公社は、旧吾北村の時代から、「地域で支える農業」の理念に着目し、2004年には、米国のアイオワ州の農家を訪問し、「地域で支える農業」のノウハウや課題を学

びながら、いの町への導入を検討してきていた。同公社は、「道の駅633美の里（農家直売所）」の販売促進活動や、宅配便や量販店との連携による自立型の山間地域高齢者農業モデルの実践、都市の販売者や消費者、農業以外の異業種と農家の連携支援など、山間地域農業振興の新しい仕組みづくりに取り組んでいる。こうした取り組みは、「田舎と都会」「農家と消費者・販売者」を結びつける役目を果たし、「地域営農総合コーディネーター」として、「地域で支える農業」の実現に大きく寄与している。

3 ｜ コミュニティビジネスによる地域経営の展開

　持続可能な社会の実現が急務となっている今日、「社会的共通資本」の理念は、21世紀の都市が持つべき「公共的な豊かさ」を具現化する重要なアプローチとして期待されている。

　社会的共通資本としてのコミュニティの再構築は、持続可能な社会の基盤となるものであり、21世紀の都市像やまちづくりを変革していく重要な鍵となる。都市計画の分野では、これまでのトップダウン型の政策決定プロセスが見直され、地域主体のまちづくりを実現するためのボトムアップ型の提案制度の整備が進んでいる。今後、コミュニティを主体とした地域経営を実践していくためには、こうした地域の主体的な参画による透明で民主的なマネジメントシステムの構築が必要不可欠となる。これからのまちづくりは、コミュニティが自らの地域の将来像を構想し、地域に必要なコミュニティビジネスを生み出していく「地域経営」のアプローチが必要となっている。

　ここでは、このような地域主体の持続可能なまちづくりのモデルとして、「テーマコミュニティの森：ヒューマンサイズの新しい都市」と「緑を育む都市：ガーデンコミュニティ・マネジメントシステム」、米国で潮流となっている「コミュニティガーデン」について述べていくこととする。

❶テーマコミュニティの森とその展開

　「テーマコミュニティの森」は、福島県が推進していた「森にしずむ都市」[注12]の具現化を図るために、2001年に提案を行った21世紀型の新都市モデルである。その当時、福島県では、21世紀型の新都市モデルを模索しており、持続可

能な都市のビジョンやプログラムを求めていた。「森にしずむ都市」とは、人工物である「都市」を自然物である「森」と一体化させ、ゆとりとやすらぎのある「人間サイズ都市」に変貌させようとするものであった。

「テーマコミュニティの森」は、このような福島県の目指す都市像を具現化するために、地域資源を踏まえた地域主体の自律的なまちづくりプロセスを提示したものである。このコンセプトの特徴は、コミュニティという概念を、環境資源を媒介とする「地縁コミュニティ」と情報資源を共有する「好縁コミュニティ」の2つの側面から捉え、地縁と好縁の結合によって生まれる新たなコミュニティを「テーマコミュニティ」として定義している点にある。

本提案では、こうした環境資源と情報資源が結合された多様なテーマコミュニティを新たな社会単位として捉え、それらの連鎖的なネットワークによって形成される地域社会システムを「テーマコミュニティの森」として創造することを提案している。

テーマコミュニティの創造に際しては、地域資源のニーズとシーズのマッチングを行い、まちづくりの戦略や方向性を生み出す「リエゾン生成システム」という手法を構築した。「リエゾン」とは、フランス語で「関連づけ、結ぶこと」を意味する単語であり、ここでは、環境資源と情報資源といった異質な要素の結合により、新たな価値を創造していくことを意味している。このような、地域社会単位と情報社会単位の「リエゾン（出会い・連鎖）」によって、地域の

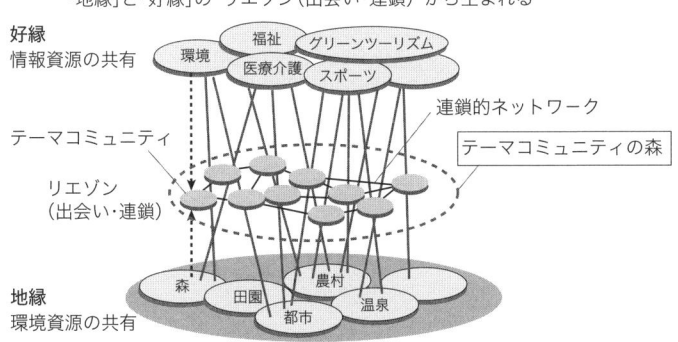

図1・11　テーマコミュニティの森　概念モデル
（出典：タイセイ総合研究所・細内信孝（2002））

資源を最大限に活用する新たな政策や産業を生み出すプロセスが「リエゾン生成システム」であり、そこから生み出される新たな地域社会単位のネットワークを「テーマコミュニティの森」として定義している（図1・11）。

近年、こうしたテーマコミュニティの概念は、新たなまちづくりの潮流をつくりだしている。地域で育まれてきた資源を守るために、地域の住民や周辺の関係者だけでなく、全国の様々なファンが連携して、まちづくりを進める事例も多くでてきている。

事例1・8 横浜山手234番館実験活用プロジェクト

神奈川県横浜市の「パートナーシップ推進モデル事業：山手234番館実験活用」は、テーマコミュニティの理念を実現する先駆的な事例といえる。山手地区は、横浜を代表する商店街である元町に近接する高台の高級住宅街で、外国人居留地としての歴史を有する地域である。また、山手地区は、近代横浜の発祥の地として多くの洋館が残り、観光地としても重要な地域となっている。

このプロジェクトは、山手地区の外国人向けのアパートとして使用されてきた「山手234番館」の修復・公開に先立ち、「山手234番館実験活用」として実行委員会が組織され、この委員会による自主管理や企画運営が試みられた事例である。この委員会（22名）には、地元住民や地域活動団体の他に、一般公募によって選出された9名の委員が参加しており、管理マニュアルの作成や横浜シティガイド協会によるインフォメーションサービスや館内整備を協働して進め、3ヶ月間の開館期間の中で様々な展示や企画を実施した。

この活用実験プロジェクトでは、地域住民や行政とともに、多くのボランティアが参加し、その成果をもとに、公開後の管理・企画の検討も委員会を中心に進められた。このように、このモデル事業では、地域資源の保全・活用プロジェクトに、地域住民だけでなく、公募による参加者や地域資源に関心の高い活動団体が参加することで、山手地区の歴史的な環境を保全する方法を多元的に検討するきっかけともなった。まちの歴史や洋館に関心を持つ地域外の集合体（テーマコミュニティ）の参加が地域内の利害をこえた保全活動を生む原動力になったということができよう。

地球環境問題は、テーマコミュニティの理念が導入されてきた代表的な分野といえる。大気汚染、水質汚染、土壌汚染などの環境問題は、地域を超えた広範囲の影響を及ぼすため、その解決には広域的な取り組みが必要となる。地球温暖化はその代表的な例であり、それぞれの国や地域のローカルな取り組みが、地球の未来を決定するグローバルな結果を生み出すことになる。テーマコミュニティの理念は、こうした地域の自然環境を守るローカルな行動と地球規模の環境問題の解決の取り組みを連携させながら、コミュニティにグローバルな知恵を導入する原動力となる。

事例1・9 特定非営利活動法人藤前干潟を守る会

　藤前干潟は、テーマコミュニティの存在が環境問題に対して大きな影響を持つことを表わす先駆的な事例といえる。2005年に、ごみ焼却場の建設用地として注目を集めた藤前干潟（愛知県名古屋市、約350ha）の保存活動は、地域資源を保全するために、国際的な活動を展開する非政府組織（NGO：Non-Governmental Organizations）や国際学会が連携して、持続可能なまちづくりに寄与した事例である。藤前干潟は、名古屋港の西南に位置する臨海工業地域の中にある。ここは、伊勢湾に残る最後の干潟として国際的にも重要な意味を有する環境資源であり、シギ・チドリ類などの渡り鳥の飛来地として有名である。2002年には、「国指定藤前干潟鳥獣保護区（集団渡来地：面積770ha、うち特別保護地区323ha）」に指定され、同年に、「ラムサール条約登録地」[注13]にも登録された。

　この地に名古屋市がゴミ処分場を建設する計画が持ち上がり、名古屋市は環境アセスメントを実施したが、その計画が渡り鳥などの生態に影響するとしながらも、人工干潟の造成を条件に埋め立てを実行に移そうとしたことから、藤前干潟の問題は発生した。しかし、1999年には、当時の環境庁から人工干潟の造成では環境の保全は困難であるとの見解が発表され、これと並行して、「国際影響評価学会（IAIA）」などの国際的な活動を行う学会や「藤前干潟を守る会（辻淳夫理事長）」といった市民団体による保全活動が行われ、その結果、名古屋市は埋め立てを断念し、名古屋市のゴミ収集制度見直しの契機となった。

21世紀における持続可能な社会とは、様々な地域やネットワークに存在する個人、企業、団体、行政などが多様な連携を生み出していくことによって実現されていくものである。そして、こうした地域連携型の社会経済システムの存在が、地域産業の育成や環境問題の解決を促していくことにより、地域全体の活力の増大や社会コストの低減を実現するとともに、個人の豊かさを生み出す原動力ともなっていくのである。

❷ガーデンコミュニティ・マネジメントシステムの手法

「緑を育む都市：ガーデンコミュニティ・マネジメントシステム」は、自然環境と経済活動を融合する地域社会システムの構築を通して、持続可能なコミュニティマネジメントを創造する新たなアプローチである。このシステムは、都市における公園、緑地を、コミュニティの共有する「都市の庭（ガーデン）」として捉え、そのガーデンを核とするコミュニティ（ガーデンコミュニティ）が自らのガーデンを経営していく手法（マネジメントシステム）である。「ガーデンコミュニティ」は、ガーデンを核とするコミュニティ経営組織であり、「社会的共通資本」の積極的な活用を行う主体的な組織となる。ここでは、本来、市場経済システムに組み込むことが難しい公園や緑地などの効用を顕在化させ、その維持管理に必要なコストをコミュニティの主体的事業によって創出してい

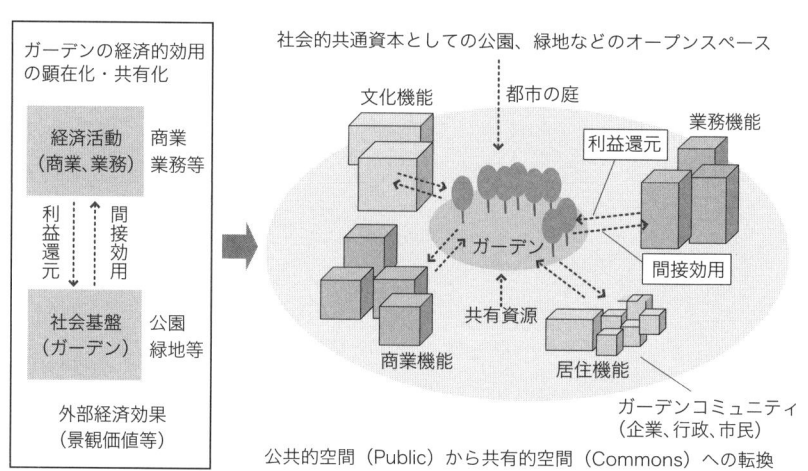

図1・12　ガーデンコミュニティ・マネジメントシステムの基本概念

く。「ガーデンコミュニティ・マネジメントシステム」は、地域の「社会的共通資本」としての公園や緑地などの効用を地域内で還元するシステムを構築するものであり、地域の「コモンズ（共有財産）」から得られる収益の再投資をコミュニティという「見えやすい関係」の中で実現していくためのマネジメントシステムの構築を目指している（図1・12）。

　本来、このような公園や緑地は、「公共財」としての意味を持つことが多いが、ここで対象とする公園や緑地は、市民、企業、行政などが積極的に整備や管理に参画することにより、地域のアメニティの創造やそこから生まれる経済的な価値を共有することができる特定の街区の公園や緑地を意味している。また、里山の保全は、それを支える地域産業システムの再構築に関わる重要な課題である。その意味では、まさに、「ガーデンコミュニティ・マネジメントシステム」は、公園や緑地を地域の「コモンズ（共有財産）」として位置づけ、地域の社会的共通資本として主体的に維持管理していくコミュニティビジネスの可能性を示唆するものと言える。

❸里山保全活動とコミュニティガーデンの潮流

　里山保全活動は、テーマコミュニティの理念の導入によって、さらなる発展が期待できる分野である。都市における緑地や里山は、急速に失われてきており、その保全活動は、地域の力だけでは限界に達することも少なくない。テーマコミュニティの理念は、こうした地域の里山保全活動を広域的なネットワークによって展開していくための大きな原動力となるであろう。近年、注目を集めているコミュニティガーデンの潮流は、こうした都市内の緑地を保全・創造していこうとする先駆的な取り組みといえる。

事例1・10　特定非営利活動法人みどりのゆび

　地域主体の里山保全活動の事例としては、東京都町田市等の「みどりのゆび」の活動があげられる。同法人は、里山を親しむ快適な緑の道の整備やウォーキングマップを作成し、環境保全意識の啓発活動を進めるとともに、「みどりのゆび基金」（緑地保全基金）を通して環境保全活動への支援を行っている。この法人は、2002年に、NPO法人として東京都から承認され、ウォ

ーキングの開催や環境教材の制作、緑地管理や農業支援、安全な食物の確保と流通や緑地保全基金活動等の様々な事業を展開している。

これらの活動は、地域住民と里山との距離を近づけ、緑地保全に対する市民意識を高めることに寄与したほか、町田市の「都市計画マスタープラン」や「緑の基本計画」等に対する市民参画を誘発し、地域主体のまちづくりの推進に大きな影響を与えるものとなった。

事例1・11 フィラデルフィア・グリーン

米国でも、こうした地域主体による緑地保全活動として、「コミュニティガーデン」❖11の活動が注目を集めている。米国のコミュニティガーデンは、生活環境整備が不十分な地区における豊かな緑地環境整備や健康な食材の自給を目指して行われたコミュニティ再生事業である。この事業は、当時のデトロイト市長のH. S. ピングリー（Pingree）が低所得者層に自給自足用の植物生産の区画を提供したことから始まり、その後、「ペンシルバニア園芸協会（PHS）」が進める「フィラデルフィア・グリーン」（都市緑化プログラム）等の様々な活動に展開していった。同協会が進める「コミュニティグリーニングプログラム」では、地域のコミュニティとの協働による近隣公園の再活性化や地域の庭づくり、街路樹植栽やまちの花飾りといった多様なプログラムを実施してきている。

このプログラムの特徴は、コミュニティガーデンのデザインや園芸指導の実践を通した地域のパートナーシップの醸成による持続可能なまちづくりの推進という点にある。

「アザレアガーデン」は、このような活動にともない、1990年代に設立されたコミュニティガーデンの理念に基づく官民のパートナーシップ事業である。「アザレアガーデン友の会」という地域組織は、ガーデンの維持管理のための資金調達を行う等、コミュニティガーデンを地域の共有財産として維持管理を行う先駆的なモデルとなっている。また、こうした事業から生み出された収益はコミュニティガーデンの普及啓発活動に還元される等、コミュニティガーデンの経済的な効果を地域で共有する透明な社会システムが構築されている。このように、コミュニティガーデンという仕組みは、地域愛に支

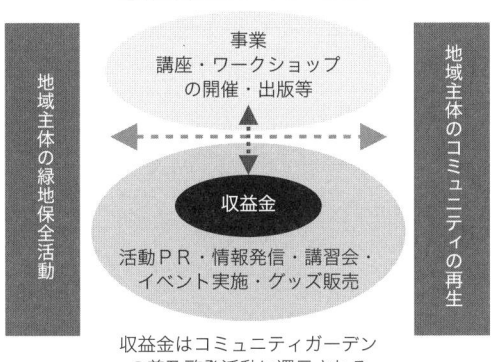

図1・13 コミュニティガーデンの運営方法（出典：㈶都市緑化基金監修（2005）をもとに作成）

えられた地域主体の緑地創造ビジネスのモデルとも言えよう（図1・13）。

事例1・12 日本のコミュニティガーデン（横浜市・伊勢崎市）

　一方、日本におけるコミュニティガーデンの先駆的な事例としては、横浜市泉区の「下和泉自治会内さんさん倶楽部」や群馬県伊勢崎市の「花と緑の市民リーダー：新鮮組」等の活動があげられる。横浜市の事例は、住宅団地として開発された下和泉地区内の既存緑地 $2000m^2$ を地域住民の手でコミュニティガーデンとして維持管理する活動である。少子高齢化が進展する中、バリアフリーに配慮したガーデンづくりを目指して、まちづくり塾等のワークショップを開催しながら、地域のパートナーシップを推進していった事例である。群馬県の事例は、伊勢崎市所有の区画整理事業の中で生じた暫定利用地 $300m^2$ を活用しながら、緑のまちづくりの実践を目指して、市民リーダーの育成や緑化活動の実践が行われた事例である。これらの活動は、コミュニティガーデンプログラムの萌芽としての小規模なプロジェクトではあるが、都市に残る貴重な緑地や空地を地域主体で維持保全していこうとする実践的な活動として注目すべき事例であるとともに、一般の市民が緑のまちづくりの主要な担い手となっていくための一つの有用なアプローチを示唆していると言える。

これらのプログラムの特徴は、これまで公共的な価値が中心であった公園や緑地を地域の貴重な「共有財産（コモンズ）」として再評価し、地域の社会的共通資本として維持管理していくアプローチにある。そして、こうしたコミュニティを主体とした緑地管理プログラムの具現化は、公共主導であった緑地管理業務を地域主体の戦略的な緑地経営事業として変革していくための大きな原動力となるであろう。

❹コミュニティ主体による持続可能な社会の構築

　以上のように、持続可能な社会を創造していくためには、地域資源の持続的な経営の視点が重要であり、そのためには、これまでの「公（Public）」と「私（Private）」の関係から、「共（Commons）」を基本とした「協同的な社会」を実現することが重要になってくる。

　近年、持続可能な社会の創造に向けた様々な取り組みが行われ、地域の歴史資源や自然環境などを地域の「コモンズ（共有財産）」として維持管理しようとするアプローチが注目されてきている。前述した「黒壁スクエア」や「NPOふうど」⦿事例1・4 は、こうしたアプローチの代表例であり、地域の貴重な資源を「コモンズ（共有財産）」として位置づけ、それらをもとにしたコミュニティビジネスを創造し、その価値を次世代に継承する試みである。

　コミュニティビジネスは、その形態も多様であり、その目標像も、中心市街地の活性化や歴史的な遺産の継承、地域の緑地保全など、多岐にわたるが、これらの共通点は、コミュニティを主体とした持続可能な社会の構築にあり、それらが、「コミュニティビジネス」の本質的な意味ともなっている。

　コミュニティビジネスは、地域を自らの手で元気にしたいという「志」を出発点とした地域のためのビジネスであり、適正な利益を求めながら、社会貢献と経済発展を両立させる人間性を尊重した事業である。コミュニティビジネスの事業領域は、ボランティア活動とビジネス活動の中間に位置するNPO活動から出発し、それらの活動が持続可能な事業として成立することを目標とした「身の丈に合った経済」を尊重した事業である。

　今後、持続可能な社会の構築に向けて、地域の多様な参加による協働型のまちづくりが現実のものとなっていく時、「コミュニティビジネス」という新たな

ビジネスモデルは、地域の多元的な価値を引き出し、コミュニティとしての最適な利益や費用を選択するための戦略的なアプローチとして再評価されることになる。このことは、地域が持続的に発展していくための適正なる社会経済システムをコミュニティ自らが獲得していくことを意味しており、その時こそ、地域の豊かさを次世代に継承していくための基盤となる「社会的共通資本としてのコミュニティ」の本質的な役割を社会に示すことになるであろう。

≫設問≪

1) 自分の住んでいる地域のコミュニティビジネスをいくつかあげてください。NPO法人による地域活動や個人事業による小さなビジネスなど、様々な事業形態を考えながら、代表的なものをあげてください。
2) 以上で調べたコミュニティビジネスの中から、事業の目的や内容、成立の経緯など、事業の概要を調べてください。その中で、それぞれの事業者が志を実現するため、地域とのつながりをどのように構築していったのかを図に表してみましょう。

第2講

コミュニティビジネスの機能と基盤整備
協働型社会形成のパートナーとして

山口浩平

＊

　本講では、コミュニティビジネスという主体が位置づけられてきた背景を、その置かれているマクロな状況を踏まえつつ説明します。その際に、理論と実際の組織形成、支援制度の整備されつつあるヨーロッパの動向を紹介し、日本にどのような示唆があるかを考察します。その時に鍵となる概念の一つが「協働型社会」です。これは、異なるセクターに属する主体が協力しあうことで、豊かな社会を形成しようという方向性です。ここではコミュニティビジネスの機能や効果を踏まえて、どのような協働の可能性があるのか、またその課題は何なのか、探ります。

2・1

協働型社会への助走 なぜコミュニティビジネスが今必要なのか？

1 | コミュニティビジネスを位置づける前提となる「協働型社会」

　コミュニティビジネスはそれ自体が経済主体であると同時に、社会制度や地域社会の変化といった、社会の構造的な変化の中に埋め込まれているものでもある。例えば公的介護保険制度や自治体のサービスの対象となっていない高齢者の生活ニーズの存在、同様に孤立し、子育ての不安感に晒されている親たちの悩み、失業によって陥ってしまった多重債務者の生活再建、そしてそれらに関わる地域社会の互助機能や経済の衰退（あるいは格差の進展）のように、地域社会には現代的な課題が常に存在しており、コミュニティビジネスはこれらの課題にアプローチしていく主体である。

　そのアプローチの方法として重要な点は、「質的な革新性を持つ、ニーズに根ざした財やサービスを開発し、提供すること」、および「その財やサービスを制度化していくこと、あるいは社会的に影響を与えること」の二つであろう。

　前者は、コミュニティビジネスの、特にビジネスとしての特性が、欠落しているサービス・ニーズを満たすということである。例えば「子育てひろば」は、現代的な子育てをめぐる困難や孤立感に対して、子どもと一緒に立ち寄ることができ、スタッフと、あるいは親同士のコミュニケーションによってその困難を軽減することができる場所であるが、この場所の確保とサービスの提供は各地のNPOによって先駆的に取り組まれてきた。また、介護保険制度導入の前から、措置の対象とならない主に高齢者の生活ニーズを満たすサービスが、ボランティア団体やワーカーズ・コレクティブ ➡38 によって提供されてきた。あるいは病児保育に先駆的に取り組んだフローレンス ➡事例2・1 も、制度化されていなかった、質的に新しいサービスを自ら提供するという点で特徴的な事例であると言えるだろう。

> **事例 2・1** 特定非営利活動法人フローレンス
>
> 　日本では子供の突然の発熱時などに預かる「病時・病後時保育」は、一部小児科などでしか対応していないなど、利用しにくい状況にある。そのため共働き家庭などでは、突然の休暇をとることが困難なために、子育て環境として課題解決を求める声が絶えなかった。
>
> 　そのため同法人では、発熱時などの際に職場で働く親に代わって、提携した小児科施設での診察、病児・病後時保育施設での保育サービスを橋渡しする「こどもレスキューネット」（非施設型病児・病後児保育）を開発し、共働き家庭の子育て支援を提供する組織として 2004 年に設立された。収入高は 1 億 651 万円（2008 年度）。本サービス登録者は 681 名に上っている。現在ではワークライフバランス分野におけるコンサルティング、他地域へのフローレンス事業モデルの水平展開も推進している。

　アプローチのもう一方の側面は、社会的目的や公益性に関わる特性である。革新的な財やサービスを開発し提供するということは、優れたビジネスの重要な特性であるが、本書であえて一般のビジネスとは区別して取り扱うコミュニティビジネスを説明するに十分ではない。その役割は財やサービスの提供とともに、それが地域住民の生活の質を向上させることや、困難をかかえている人々の苦痛を軽減させること、あるいはその財やサービスが広く一般に必要なものと受け容れられること、といった社会的な尺度で評価されるべきものでもある。このような観点では、高齢者介護をめぐるサービスは 2000 年に介護保険制度という形で「社会化」された。また、子育てひろばは 2002 年の厚生労働省「少子化対策プラスワン」によって制度的に位置づけられ、「つどいの広場事業」（現・地域子育て支援拠点事業）として予算化され、さらに 2008 年の児童福祉法の改正により、法律の上でも位置づけられるものとなった。この事業の委託先として、NPO や協同組合等が選定されている自治体もある。このようなニーズに基づいた先駆的な事業が社会的な影響力を与えることがコミュニティビジネスの特質である。

　また、現代的な社会的課題は、多くの場合単一の政策だけでは解決し得ない複合的な要因によってもたらされており、複数のセクターにまたがった協力、

すなわち「協働」が必要となってくる。例えば保育所、子育てひろばといった子育て支援サービスの量的な不足に対して、公的セクターがその整備に責任を持っているが、その直接的な整備やサービス提供に依拠することは、ますます難しくなっている。民間企業、そしてコミュニティビジネスが事業を展開できるような仕組みを構築し、その参入を誘導することも協働の要素である。

このように、現代的な社会課題を効果的に解決に導く上で、異なるセクターに属する主体間の協力を位置づけることが不可欠になっており、このような前提に立った社会を本稿では「協働型社会」と呼ぶこととする。

2 ｜ 協働型社会とコミュニティビジネス

協働型社会の到来は、コミュニティビジネスがよって立つ市民社会と公的セクターとの関係性の分化によってもたらされてきている。すなわち、平和、環境、消費者運動などの抵抗・告発型の社会運動は西城戸（2008）が整理するように、それ自体として社会問題を広く認知させる機能、そして例えば公害反対運動が法整備や環境庁の発足をもたらすなど、制度、文化、思想、価値を作り出す機能を持っていたと言えるだろう。本書で取り上げるコミュニティビジネスは、このような社会運動と共通する側面も有しつつ、一方で異なる主体との連携によって持続的に財やサービスを提供することを通じて、「社会問題の解決を追求する機能」を有している。このような意味では、本書でいうコミュニティビジネスには、広義には社会運動との連続性を有しつつ、そこに「ビジネスの手法を用いて」という価値が付与されているところに特徴があるだろう。

また、協働型社会における特徴として、非営利・協同セクターと政府・自治体とのパートナーシップが位置づけられている。すなわち、介護保険制度に見られるような、財源を社会保険と税、また、保険者を基礎自治体とし、供給は非営利法人を含む民間団体も主体となることが可能という、準市場的な位置づけをするというのが一つの形態であろう。また、2003年の地方自治法の一部改正によって位置づけられた指定管理者制度に基づくものから、委託、補助、助成といった仕組みまで、その強弱や責任の所在のあり方など関係性は多様であるが、特に非営利・協同セクターの財やサービスの提供において、公的セクターからの何らかの財政的な措置を伴った協働の形態が増大している。このこと

は、税を財源とする行政の、平等性の一方での画一性という課題に対して、NPOの優位性として位置づけられてきた個別性の一方での先駆性・柔軟性、という特徴を組み合わせることによって、より効果的な社会サービスの提供を実現する可能性があるという理解に基づいている。

ただしこの視点のみでは、日本における1970年代後半からの民営化の流れ、あるいはやや質的に異なるが近年のいわゆる「構造改革」下における民営化と極めて親和的な潮流を生み出すのみで、コミュニティビジネスの付加する価値が見過ごされる可能性がある。この点は本講の後半部分で課題として指摘するが、ここではこのようなパートナーシップに関する制度が整備され、現実にサービス提供を非営利・協同セクターが担いつつある点を指摘し、このような意味での限定的な「協働型社会」が到来しつつあることを確認しておきたい。

また、このようなコミュニティビジネスのサービス提供のもたらす特徴として、例えば高齢者介護という分野を事例として考えると、①（政府による画一的な提供に比べて）よりサービスの当事者の個別的なニーズにも的確に対応でき、②制度化されていないニーズ（要求ニーズ）や認知すらされていないニーズ（非認知ニーズ）（上野、2008）を事業をとおして顕在化させ、さらに制度化を進める、という点が指摘できるだろう。一方で、間接的に税財源が投入されているという点で、強弱はあるにせよパートナーたり得るアカウンタビリティが求められるということと、あくまでビジネスを行う主体としての自立性が要請されるという特徴もあるだろう。特に後者については、ボランティア団体や、事業収入を中心としないNPOのような団体との協働関係とは異なって、一種の対等な契約関係が要請されることとなる。この対等性を担保するために解決すべき壁は非常に大きいといえる。この点は2・4で課題として詳しく指摘したい。

2・2
欧州における社会的企業論と「協働型社会」

このような「協働型社会」におけるコミュニティビジネスを位置づけるにあたって、ビジネスの手法を用いた社会問題の解決と地域社会への貢献を行う主

体を政策的に位置づけつつあるヨーロッパ諸国での経験が参考になるであろう。ヨーロッパにおいては、各国ごとに実態は異なるものの、近年は「社会的企業」という共通の用語でその促進を図っている。ここではまずその前提となる研究動向を理解し、その広がりを描写していく。

1 │ 社会的企業とは何か

まず、ヨーロッパにおける社会的企業論をとおして、社会的企業とは何かを説明する。ヨーロッパにおいて社会的企業を共通テーマとする研究者と研究組織のネットワークであるEMES (l'emergence des entreprises sociales en Europe) は、若年層の構造的・長期的失業問題に代表される、国家・市場のいずれも適切に対処できない社会的課題に対して、効果的で革新的な財やサービスを創出し、提供するための主体として社会的企業を位置づけ、その欧州における役割について研究を進めてきた。

表2・1はEMESによる社会的企業の定義であり、社会的指標・経済的基準の二つのカテゴリーに分けて示されている(ボルザガ/ドゥフルニ、2004)。この定義の要点をまとめると社会的企業とは、「営利を目的としない民間の組織で

表2・1 EMESによる社会的企業の定義

	指標・基準	概要
社会的指標	①コミュニティへの貢献	コミュニティ・地域レベルでの社会的責任を積極的に果たす。
	②市民による設立	コミュニティ・市民の共同の活力に依拠する。
	③資本所有に依存しない意思決定	資本所有者の重要性は否定しない。しかし、「1株1票」制ではなく、「1人1票」制によって意思決定を行う。
	④影響を受ける人々の参加	顧客代表・ステイクホルダーの参加を促進する。経済活動を通じて地域レベルの民主主義を促進する。
	⑤利益分配の制限	部分的なあるいは全面的な利潤への分配制約を置き、利潤極大化を抑制する。
経済的基準	①財・サービスの継続性	財の生産・サービスの継続的な供給こそ、社会的企業の第1の存在理由である。
	②高度の自律性	行政からの補助金を活用することもある。しかし、市民による自律的創設に依拠して、他の組織から管理されることはない。
	③経済的リスク	リスクを負うことを想定する。生存可能性はメンバーや労働者たちの努力しだいだと考える。
	④有償労働	貨幣的資源と非貨幣的資源の混合に依拠するとともに、有償労働の一定量を活動継続のために位置づける。

出典:内山(2004)

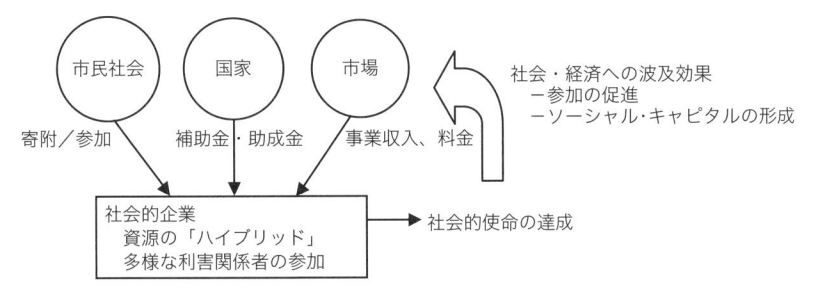

```
        ┌─────┐     ┌─────┐     ┌─────┐
        │市民社会│     │ 国家 │     │ 市場 │      社会・経済への波及効果
        └──┬──┘     └──┬──┘     └──┬──┘       ―参加の促進
         寄附／参加    補助金・助成金  事業収入、料金    ―ソーシャル・キャピタルの形成
```

図2・1　ヨーロッパにおける社会的企業の特徴：ハイブリッド性
（出典：Defourny and Nyssens（2008）の記述をもとに著者作成）

あり、コミュニティに貢献するという特別な目的のために財やサービスを直接供給する。また、組織運営において多様な利害関係者の参加による集合的な原動力を基礎とし、自立性を重要な価値とし、事業活動に関する経済的リスクを負う」組織のことである（Defourny and Nyssens、2008）。

また、ヨーロッパにおける社会的企業は、図2・1に示すように、社会的企業の社会的使命を達成する上で、多様なセクターから資源を調達することを示唆している。この関係性を重視する「ハイブリッド」な存在という特徴から、組織の運営における「ステイクホルダーの参加」が位置づけられることもその特徴と言える。

2 ｜協働型社会の担い手としての政策化

❶社会的企業の制度化

社会的企業を EMES の定義に従って位置づけるのであれば、おそらくヨーロッパのみならず、多くの国々で同様の現象を確認することができるだろう。例えば日本の NPO 法人には、特に介護サービスを提供している団体に顕著であるが、事業収入が組織の全収入のうち多くを占めている団体が存在するし、また、ワーカーズ・コレクティブのように、社会的目的の達成の上で財やサービスを提供することを設立の当初から明確に位置づけてきた団体が存在する。これらの組織の登場の背景には、国家にも、市場にも、そしてコミュニティにも満たし得なかった社会的な、あるいは個別的なニーズの存在があるだろうし、そしてそのニーズを持続可能な形態で満たしていく必要性があったと考えられ

る。

　これらの課題はまた、福祉国家から福祉社会へ、というコンセプトの下、多様化する人々のニーズに対して、特にサービス供給の面において国家が全てを満たすことができない、あるいはそうすべきでもない、という担い手の多元化をすすめる論理と、一方でよりミクロ・レベルでの満たされていないニーズを可視化し、先駆的にそれらのニーズを満たすと同時にその制度化を要求する主体の登場、という両面から検討される必要があるだろう。

　1990 年代には、このような多くの国々に共通するコンセプトを制度化するという観点で、営利を目的としない、事業型の法人類型を設ける動きがヨーロッパの中で進んだ。例えば社会的な目的を持った協同組合を制度的にはじめて位置づけた国がイタリアである。1991 年に成立した法律第 381 号「社会的協同組合規則」において、二つのタイプの「社会的協同組合」を制度的に位置づけた[注1]。また、2005 年には、福祉サービス、労働参加、環境保護、健康、教育などの社会的有用性を持った事業を行う組織を法的に位置づける社会的企業（Impresa Sociale）法が成立している。

　また、イギリスにおいては、2000 年代以降、複数の省庁による調査、支援スキームの策定、そして社会的企業に特有の法的ステイタスである 2005 年「コミュニティ利益会社」（Community Interest Company：CIC）に関する規則の策定など、政府レベルでの段階的で多様な支援策が講じられてきている（山口、2007）。

❷ EU における社会的排除との闘いと社会的企業

　このような社会的企業の制度化が進展する背景には、本節冒頭で述べたとおり、広義には福祉社会における社会的企業とのパートナーシップ、すなわち協働型社会への流れが存在していると同時に、より具体的には政策目標としての「社会的排除[21]との闘い」が EU レベルで推進されていることと無縁ではないだろう。以下では社会的排除と社会的企業の関係について、概説しておきたい。

　社会的排除という用語の持つ意味は、「1970 年代には障害を持つ人々、高齢者、病人など、おそらく可視化され得なかったという意味でマージナルなものであった」（バラら、2005）とされるが、それがグローバル化・ポスト工業化

の文脈のもとでより一般的な課題へと拡張してきたことにあるだろう。すなわち、それこそが社会的排除の一般性であり、後に述べるように、もはや個人的な資質や行動の結果というよりむしろ、社会経済的に埋め込まれた、多元的な課題という認識なのである。社会的企業は、多元化した困難の最前線で、その当事者が参加することをとおして人々を力づける持続可能なビジネスの主体としての位置づけを獲得していく。このことは例えばイタリアの社会的協同組合において、障害者や元受刑者といった一般的な労働市場において困難をかかえている層が主体として参加する可能性を持つということにもあらわれている。

このような背景のもとに、欧州委員会は1989年「欧州社会憲章」において「社会的排除との闘い」を明確に位置づけ、その決議を採択した。また、1997年のアムステルダム条約によって、EUは社会的排除と闘う加盟各国の活動を支援することとなる。その後2000年3月のリスボン欧州理事会では、会議の結論文書において、「人材への投資と社会的排除との闘いによる欧州社会モデルの更新」が位置づけられ、続く12月のニース理事会で採択された「貧困および社会的排除と闘うための共通目標」では、①雇用への参加、および資源・権利・財・サービスに対する万人のアクセスを促進する、②排除のリスクを予防する、③もっとも脆弱な人々を支援する、④すべての関係者を動員する、という4つの目標が示されている（European Council、2000）。この目標を達成する上で、社会的経済[+19]による雇用における統合機会の提供に着目することや、社会的パートナーとしてのNGOの役割などが位置づけられており、そこには協働が埋め込まれていると考えることができる。

ニース理事会での決議に基づいて、加盟各国がEUに対して報告を行う国ごとのアクション・プランが存在する。例えばイギリスの場合は労働年金省がこの策定を担当しており、2006年から2008年の3カ年計画においての政策目標は①子どもの貧困の削減、②労働市場への参加の増大、③質の高い公共サービスへのアクセスの改善、④障害を持つ人々やマイノリティに対する差別との闘い、である。計画の実施にあたっては、貧困と排除の当事者、ボランタリー組織、そして自治体間の連携が重要であるとされており、さらに、それぞれの利害関係者が政策に影響を与えていくというプロセスが重視されていることも特徴である。

2・3
「協働型社会」における課題

　ここまで、主にヨーロッパにおける社会的目的を持ったビジネスを行う組織の共通した特徴をみてきた。それは、現代的な社会問題として政策ターゲットとなっている「社会的排除」に対抗する最前線で活動する組織を制度化し、支援を行いながら組織の持続可能性を確保しつつ目的を達成しようとする方向性であった。さらにそれらの組織が、社会サービスの提供と労働への参加を通じて、人々を力づける機能を有していることも指摘した。

　日本においても、特に1998年の特定非営利活動促進法[+33]の施行を一つの契機に、非営利の社会的目的を持った団体の法人制度の整備や、コミュニティビジネスへの支援などが行われてきている。しかし支援制度以前に、どのような考え方でコミュニティビジネスやNPOとの関係を築き、なぜ支援を行うのか、といった基礎的な合意が公的セクターとの間にできていないことが、大きな課題と言えるだろう。またそもそも概念的にも確立していないことなどが、日本におけるコミュニティビジネスの姿を見えにくくしていると考えられる。

　以下では主にコミュニティビジネスの存在を日本において位置づける上で、どのような課題が存在しており、その今後の解決の方向性はどこにあるのか、そしてこれからの「協働型社会」を構想する上でどのような仕組みや支援の制度が必要となるのか、その基盤整備上の課題を指摘したい。

1 ｜ 概念の多様化

　まず、コミュニティビジネスに近接した用語や概念が、特に2000年代以降急増し、それぞれの相互関係がわかりづらくなってきていることが、課題としてあげられる。例えば、NPO法人と一口に言っても、主に介護保険制度の下で高齢者介護サービスを提供するNPOは、その収入基盤の大部分が事業収入である介護報酬によってまかなわれている場合も多い[注2]。これは、国際協力や環境、消費者保護といった他のNPO法人には見られないものである。このような大部分が事業収入によって占められているNPOを「事業型NPO」と呼び、区別

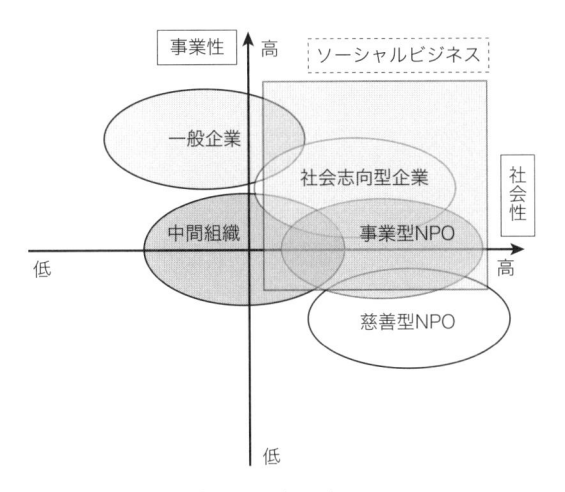

図 2・2 ソーシャルビジネスの担い手
(出典:経済産業省 (2008)『ソーシャルビジネス研究会報告書』)

する考え方もあり、これはコミュニティビジネスに近似した概念の一つであろう。

次に、主に経済産業省が主導して近年政策的な位置づけを与えている用語に「ソーシャルビジネス」25 がある。経済産業省「ソーシャルビジネス研究会」がとりまとめた報告書(経済産業省、2008)によると、ソーシャルビジネスは「社会性」「事業性」「革新性」を備え持った組織であり、NPO法人、株式会社など法人格の有無を問わないものであるとしている。また、従来まで推進してきたコミュニティビジネスとの区別については、社会的課題の解決をミッションとする事業体としての共通点を有しつつも、ソーシャルビジネスは地理的な制約のないものとし、コミュニティビジネスを包含する概念として規定している。さらに、図 2・2 で示すように、ソーシャルビジネスは「社会指向型企業」および「事業型NPO」のほとんど全てを包含し、一般企業や中間組織の一部をもその範囲に含めるとしている。

最後に、主として欧米で展開されてきた「社会的企業(Social Enterprise)」という考え方がある。ヨーロッパにおける議論については先に触れたとおりであるが、アメリカにおいては、一般企業と慈善型NPOのハイブリッド(表 2・2)としてその特徴を規定する考え方がある(Dees、2002)。また、政策レベルに

おいて社会的企業を明確に位置づけ、それらへの包括的な育成と支援を位置づけている国の一つが英国であり、その嚆矢は貿易産業省（DTI）が発行した報告書「社会的企業：成功のための戦略」（DTI、2001）であった。この報告書においては、社会的企業を「社会的な目的を主とする事業体であり、その収益は株主、所有者の利潤を最大化するためでなく、事業そのものとコミュニティへの再投資に優先的に利用される」と定義している。この定義もやはり「事業性」「社会的目的」をその共通要素とし、さらに踏み込んで、利益の分配先を一定程度制限することで、他の企業との差違を担保しようとしていると考えられる。この用語も近年日本で紹介されることも多くなり、実践的にも例えば障害者団体で、単に福祉的ではない就労と事業展開を志向するグループ等が、この概念を採用しつつある。

現在は、本書で取り扱う「コミュニティビジネス」以外にも、これら「事業型NPO」「ソーシャルビジネス」「社会的企業」などが概念として錯綜し、その差違が必ずしも明確ではない。さらに、それぞれの概念規定の下で「先進事例」として取り扱う団体の多くは重複している場合も多い。このことが時に実践的にも研究面でも混乱を招いていることは指摘できるだろう。

表2・2　ビジネスとフィランソロピーの混合形態としての社会起業家の行動

	純粋なフィランソロピー	混合形態（Hybrids）	純粋なビジネス
一般的な組織の持つ原理	善意に訴える	複合的な動機	私的利益に訴える
方法	使命に動機づけられる	使命と市場のバランス	市場に動機づけられる
ゴール	社会的価値の創造	社会的・経済的価値	経済的価値の創造

出典：Dees, J. G. et al.（2002）より著者作成

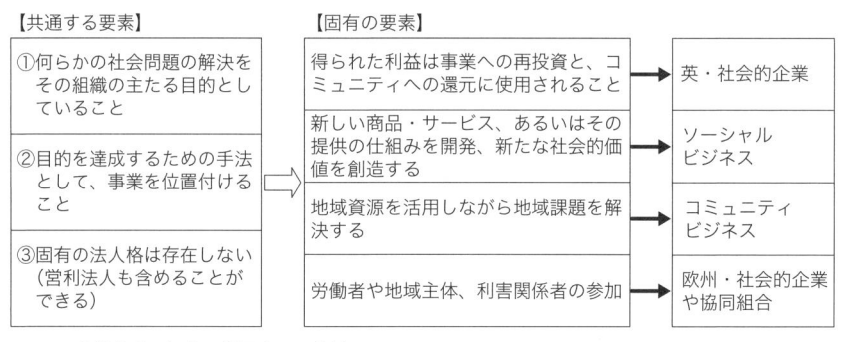

【共通する要素】
① 何らかの社会問題の解決をその組織の主たる目的としていること
② 目的を達成するための手法として、事業を位置付けること
③ 固有の法人格は存在しない（営利法人も含めることができる）

【固有の要素】
- 得られた利益は事業への再投資と、コミュニティへの還元に使用されること → 英・社会的企業
- 新しい商品・サービス、あるいはその提供の仕組みを開発、新たな社会的価値を創造する → ソーシャルビジネス
- 地域資源を活用しながら地域課題を解決する → コミュニティビジネス
- 労働者や地域主体、利害関係者の参加 → 欧州・社会的企業や協同組合

図2・3　多様化する概念の共通点と固有性

これらの概念に共通する要素と、それぞれが持つ固有の定義をここでは整理しておきたい（図2・3）。図にみるとおり、それぞれの考え方の基礎は共通しており、その差違はそれぞれの用語の重心によって組み合わされていると考えることができるだろう。これらの用語を統一することが重要ではなく、その差違を明確にすることや共通点を認識することが、これらの組織を理解する上では重要であろう。

2 ｜ 支援を行う根拠

コミュニティビジネスをはじめとする社会的目的を持った事業体は、その多くが限られた資源しか持たず、経営基盤は脆弱であり、何らかの支援や基盤整備が必要だといわれる。しかし、これまで見てきたとおり、コミュニティビジネスが「ビジネス」である以上、なぜ支援や基盤整備を公的資金を含めて投入し、行っていくべきなのか。もし競合するような一般企業が現れた際に、なぜコミュニティビジネスを優遇するのか、あらためてその根拠を確認しておく必要があると考えられる。

一つは、その組織自体に、そして事業のプロセス、効果に社会性が備わっているという点である。これは、社会的課題や地域課題の解決を主たる目的とし、かつそれが新たな価値を創造しているということに関わってくる。例えば、岐阜県の㈱明宝レディース→事例2・2は、行政と農協が出資するいわゆる「第三セクター」として形成され、地場産野菜を中心とした加工商品をとおして農業の振興を行うとともに、地域に密着した出店戦略、さらに競争力のある商品開発によって地域の雇用を生み出し、なおかつ役員全員が女性であるという点でも特色ある団体である。

事例2・2 ㈱明宝レディース

食生活と生活環境の改善及び親睦団体として1961年に発足し活動をした最初のグループが、㈱明宝レディースの前身となる。現在の明宝レディースは、1975年に結成した農村の女性達の「仲良しグループ」を母体に、1992年に設立された第三セクターの株式会社である。

米の減反に悩む村で、何とか女性の力で活気づけられないだろうかと、ト

マト栽培を始め、村でもトマト栽培が盛んになり供給過剰になると、このトマトを活用しケチャップを試作した。これが、明宝レディースをここまで大きくした第一歩である。

　6年の月日をかけ開発・販売したトマトケチャップは大好評で、現在も看板商品となっている。その後、店舗や加工所を開設、他の加工品の開発、仕出し業など多角的に事業を展開、数々の賞を受賞している。現在の売上高は、年間1億5千万円である。

　このような「雇用創出」「農業振興」「女性のエンパワーメント」といった要素が、特に地方での地域課題を解決する一つの方向性として位置づけられることで、コミュニティビジネスとしての価値を生み出していると言える。また、本講冒頭で取り上げたような、社会サービスの領域においてその潜在的なニーズを顕在化させ、制度に先駆けてサービスを提供し、やがてそれを制度化していくという社会サービス分野におけるコミュニティビジネスの関与プロセス自体を、社会性のある領域として位置づけることが可能であろう。これらの価値こそが、コミュニティビジネスを支援する一つの根拠となるだろう。

　もう一つの根拠は、社会的課題を解決するための組織として成長していく上で、資源へのアクセスが今のところ制度的にも不十分であるということである。このことは、先に指摘したヨーロッパの事例が示唆するように、「社会的排除」といった政策課題の最前線で活動する団体が、その運営においていかに公的資金を導入しながら持続可能性を確保し、政策の「パートナー」たり得る組織能力を開発できるかどうか、といった課題と関わってくる。例えば英国ブレア政権下で結ばれた、ボランタリー・セクターと政府との覚え書きである「コンパクト（The Compact）」[注3]は、ボランタリー・セクターの活動が民主主義の増進、平等性と多様性の確保といった価値を増進させていることを認識し、独立性を担保しながら政府がその発展のための資金提供をはじめとした支援を行い、政策形成への関与を進めることと同時にボランタリー・セクターは十分なアカウンタビリティの責任があることを定めている。これに続く社会的企業への支援についても、その発展の障害を排除しつつ、認知度の向上、資金やコンサルティングへのアクセスの道を開くといった方向性へと展開されている。このよう

な支援のあり方は、「協働型社会」を形成する上では社会的企業を含むボランタリー・セクターを積極的に支援しながら、その力量を高めていくという方向性である[注4]。

　日本においてどのような支援が必要であるかは続く節で検討するが、その前提として、コンパクトに見られるような、中央政府・地方政府と、コミュニティビジネスなどの団体との基本的な合意、あるいは支援を行う上での基礎認識が十分になされていないことが、課題となっているだろう。

2・4 「協働型社会」を支えるコミュニティビジネスの基盤整備

　それでは、コミュニティビジネスを協働の主体としてとらえる上では、どういった支援が必要となるのだろうか。現在のところコミュニティビジネスの多くがNPO法人として事業を行っており、その課題はNPOの抱えている課題と共通していると考えられる。例えば継続的に行われているNPO法人の調査(内閣府、2008)（経済産業研究所、2007)等で指摘されている課題を見ると、事業収入が1000万円に満たない団体が6割を占め、極めて小規模な団体が多いことと同時に、少数の大規模団体と大多数の小規模団体に二極化している点が指摘できる。また、たとえスタッフを配置できているとしても、常勤スタッフの平均給与額は約166万円と、個人が自立して生活できるとは言いにくい水準である。このような全般的な状況をふまえて、特に経営資源という観点から、必要となる支援の仕組みについて、以下ではそれぞれ検討する。ただし、これまで見たとおり、コミュニティビジネスには規模の、また分野の大小があり、それぞれの発展段階ごとの詳細な支援のあり方について検討することが求められるだろう。

1 | 人の流れ—人材の流動化を進めるしくみづくり

　まず、人材という観点が何よりも重要となるだろう。財やサービスの提供をその前提とするコミュニティビジネスでは、ボランティア団体や慈善型のNPOとは異なって、その事業の管理や企画に関わるスタッフは必要不可欠であろう。

しかし、常勤の職員を適切な報酬で雇用し、収益を上げられるように成長していく団体は一握りであろうし、コミュニティビジネスはそれだけを目的にしているわけではない。後にも指摘するが、むしろ事業収入を中心としながらも補助金、助成金、寄附等の資金をミックスし、ミッションに従って組織を継続させる上で、必要な人員と働き方を構想することがその現実の姿なのであろう。

　働き方という観点では、世代、背景となる家族の状況などによって、その状況は大きく異なる。例えばNPOの主要な参加者となっている50代の女性、定年退職後の男性等はコミュニティビジネスにおいても重要な担い手となるだろう。その一方で、十分な関与が得られていないのが若年層を含め、労働市場で活躍している層である。

　特に若年層に関して、山口・中島（2004）はそのNPOでの働き方に着目しスタッフへのインタビュー調査を行っている。その結果として着目すべき点は、NPOの中でも比較的安定した収入基盤を持つ中間支援組織であり、なんとか生活できるだけの賃金は得られていても、その団体の次のキャリアを十分にイメージできないことである。つまり、NPOでの経験が一般的な労働市場で十分に評価されない、いわばキャリアの隘路のような状況にあるという点であった。

　コミュニティビジネスにおいても、若年層等の現役層の関与は必要ではあるが現実的には雇用や報酬の安定という観点では難しい状況にある。それは同様に、報酬と共にキャリア形成の踊り場としてどのように機能するか、という課題でもある。企業セクターや公的セクターとの間を行き交えることを可能にする共通コードを形成するための支援やインセンティブの付与が今後必要となってくるだろう。また、これ以外にも企業の社会的責任の領域で行われている技術提供、主に法律家による無償の支援活動であるプロボノ（Pro bono）[注5]などの連携を促進することもその好事例となるであろう。

2 ｜ お金の流れ

　コミュニティビジネスはその社会的目的ゆえに、全ての収入を事業から得るわけではなく、その多くが多様な資金を組み合わせて成立している。しかし、それぞれの資金がそれぞれに課題を抱えていることも事実であるし、また資金調達の技術を有する人材（ファンド・レイザー）の育成もまた、十分ではない。

例えば、主に自治体の補助金、あるいは事業委託、指定管理といった「協働」は、大きな収入源となりうるが、受委託それぞれの当事者の理解が十分でなければ、単なる下請け化を導く可能性も持っている。寄附や会費は調達効率が低く、とりわけ寄附は個人・団体共にインセンティブが低く、社会に根付くだけの十分な基盤ができていない[注6]。

　また、コミュニティビジネスを創業する、またそれが発展していく上で、例えば不動産の取得、建物の改修、車両の購入など、ある程度まとまった額の資金が必要となる場合がある。その際の資金調達として、疑似私募債等の直接金融を活用することも注目されるが、間接金融としての「融資」を促進していくという点を検討する必要がある。コミュニティビジネスは事業者であるという観点から、市中金融機関からの調達はその一部として考えられるが、その際にその社会的意義や効果が検討されることは少なく、結果として十分な資金の流入がなされていない。またコミュニティビジネスに対する十分な理解が得られていないこともその促進を阻んでいる。このような課題に対して、「NPOバンク」と呼ばれる、社会的目的と事業面の両方を評価し、融資を行う会員相互型の金融の仕組みが日本各地で設立されつつある。このような動きの背景には、市中金融機関が資金提供を行わないのならば、必要とする人々と事業者同士がお金を出し合って融通し合う、という考え方がある。その代表例である「女性・市民信用組合設立準備会」（第5講参照）は、コミュニティビジネスの有力なセクターの一つであるワーカーズ・コレクティブの運動から生まれたものである。

　このようなオルタナティブな金融をつくる動きと共に、各地の労働金庫、信用金庫・信用組合などいわゆる「協同組織金融機関」では、社会的目的を持った団体への融資、助成など、様々な金融支援を行っている。このような取り組みにも注目が必要である。また、自治体が融資にあたって信用保証を行う等の取り組みもある。

3 ｜ ネットワーク形成——生協など既存の非営利組織との協働、社会的経済

　コミュニティビジネスやNPOは注目を集め、法人として認証される数も急増してはいるが、その歴史はまだ10数年にすぎない。一方で、本書の第5講

で取り扱う協同組合は、日本においても100年を超える歴史を有し、社会に根ざした存在となっている。例えば戦後の生協の歴史を振り返ってみると、市場に適切な商品が流通していない状況に対して、オルタナティブな供給ルートを開拓し、安心で安全な商品を自ら開発してきた、いわば今日のコミュニティビジネスとしての要素を持っている。このような協同組合とコミュニティビジネスとの連続性を確保し、一つのセクターとしての存在感を確保することは、戦略としても重要であると同時に、より効果的な社会的目的の達成という観点で必要不可欠な点であろう。

ヨーロッパ、特にフランスおよびEUでは、このようなセクターとしてのまとまりを「社会的経済（Social Economy）」と名付け、その促進を行っている。また、同様に国家、市場に続く第三のセクターとして位置づけ「サード・セクター（The Third Sector）」と呼ぶことも多い。日本においても、例えば「非営利・協同セクター」（富沢・川口、1997）といった名称で、協同組合を含めた非営利組織を位置づける場合がある。しかし、概念的に近接した団体だとしても、実践的には規模や抱えている課題も異なり、一つのセクターとして位置づけることが難しい場合も多い。また、例えば社会的経済にしても、各国ごとの制度的・歴史的な相違があり、必ずしもそれが用語として一般化しているとは限らない（北島、2001）。

セクター論の重要性をふまえつつ、むしろ具体的にセクター内においてどのような連携があり得るかを検討する必要があるだろう。例えば、先述のワーカーズ・コレクティブは生活クラブ生協の運動から生まれたものであり、特に草創期は生協の支援を受けている。また、近年ではコミュニティビジネスを含む市民活動への助成を行うパルシステム東京などの生協や、子育て支援等の社会サービスの提供分野で、コミュニティビジネスとの連携を行っている福井県民生協の事例などが生まれている。また、コミュニティビジネスの一つの分野を形成している「農村女性起業」は、農協の女性部活動の中から生まれてきたものが多い。このような具体的な連携の事例を整理することが、セクターとしてのまとまりを作り上げていることにも留意すべきだろう。

4 ｜ 法・政策・制度

　法や政策は、コミュニティビジネスの活動領域や事業環境を大きく変化させる。それは、コミュニティビジネスの側が法や政策の領域に働きかけることと表裏一体の関係でもある。その一つが、先述の介護保険制度や障害者支援費制度といった、準市場化に伴ったコミュニティビジネスの事業領域の拡大であり、もう一つはその支援のための資格（ステイタス）を認定するものであり、特にここでは支援の観点から、後者について指摘しておく。

　コミュニティビジネスは多様な法人形態をとり、単一の法人格でその固有の特徴を示すことができないのが現状である。これに対して、その法人格のもとでコミュニティビジネス、あるいは社会的企業として一定の基準で認定し、様々な優遇措置を付与するという方向性が、各国でとられている。例えば英国では、コミュニティ利益会社（CIC）制度が 2004 年会社法、2005 年の CIC 規則によってつくられており、韓国では 2006 年に「社会的企業育成法」、イタリアでは 2007 年に社会的企業法規則がそれぞれ成立している。このうち、韓国の法律では、社会的企業としてのステイタスを取得した団体は、労働者の社会保険料の減免、自治体事業の優先発注など、多様な優遇措置が得られることとなっている。

　このようなステイタスの付与は今後重要な論点となるだろうが、その一方で優遇の根拠となる社会的価値やガバナンスの健全性など、単に財務面ではない評価手法とアカウンタビリティをどのように確保するのかは課題となるだろう。

　その他にも、コミュニティビジネス間のネットワーク形成やアドボカシー機能、研修機能等を行う中間支援組織（インターミディアリー）の育成も重要な支援の仕組みであるが、この点については第 6 講で検討される。

2・5
「協働型社会」におけるコミュニティビジネスの発展のために

　この講では、多様なセクター間の連携によって社会的課題を解決する「協働型社会」において、コミュニティビジネスの存在をどのように位置づけるのか、

またその課題は何か、といった点について言及してきた。この中で明らかにしてきたことは、まずコミュニティビジネスは当然ながら事業体であると同時に、潜在的なニーズを顕在化させるような社会運動の担い手でもあること、さらにそれが抵抗・告発型の運動とは一線を画した、事業をとおして社会善を追求する主体であること、であった。またこのような主体はヨーロッパ・レベルで多様な形で推進され、「社会的排除」といった政策課題に対応する存在として位置づけられて来つつあることを確認した。そして、その流れは近年の日本においても広がりつつある概念であるが、用語の多様性、包括的な支援の理念と制度の不足、そして資源の流入と循環が不十分であるといった課題を指摘してきた。その上で、「協働型社会」においてコミュニティビジネスがその持てる可能性を解放し、地域社会のニーズに根ざした事業を展開する上で必要となる支援のあり方とその方向性への考察を行った。

　コミュニティビジネスの今後の発展を考察する上では、いかにその活動する地域社会の資源循環に加わるか、あるいは地域社会に根付くか、という点が重要であろう。そのためには例えば自治体の様々な政策の形成過程、あるいは実施過程に関与すること、企業のCSR等を契機にした連携、そしてなにより、その事業活動の範囲にある地域住民の参加、支持といった要素が不可欠であると考えられる。このような輪に加わることが、コミュニティビジネスの存在感を浮かび上がらせることにつながろう。

≫設問≪

1) 自分の住んでいる自治体の公の施設（図書館、スポーツ施設、美術館など）が、だれによって管理されているか調べてみてください。
   また、その管理者の中で、市民団体や民間組織によって運営されているとろはありますか？　運営されている場合、それはどのような理由で委託されているのでしょうか？　調べてみてください。
2) コミュニティ・ビジネスを一つ取り上げて、その財源構成（寄付金、助成金、事業収入などの割合）を調べてみてください。このような団体は多くの場合資金調達が困難だと言われていますが、それはなぜでしょうか？

第3講

コミュニティビジネスセクターの特徴と社会起業家の役割

木下　斉

＊

　本講では、コミュニティビジネスの事業セクターとしての特徴について取り上げます。特に一般的なビジネス、行政サービスとの共通点、相違点などを整理して、コミュニティビジネス特有の性質について解説します。さらにコミュニティビジネスを牽引する社会起業家に期待される役割についても考えます。

3・1
事業による社会問題解決

1 │ コミュニティビジネスに期待される役割

　我々の生活は、多くの商品やサービスによって支えられている。

　例えば、教育、医療、福祉、水道などの多くは公共事業と言われるように行政サービスとして提供されている。これら行政サービスによって、私たちは一定の税金を制度に則って納めるだけで、平等に安心して生活できる最低限の生活を維持することができている。

　また、私たちは毎朝起きて鉄道で通勤通学し、コンビニエンスストアで買い物し、自動販売機でジュースを買い、本屋に立ち寄ることもあるだろう。これらのシーンに出てくる鉄道、コンビニ自体、コンビニで販売されているもの、自販機と販売されているジュース、本屋とその書籍などすべては民間企業によって提供されている。私たちは多様な民間企業の活動によって個々人の趣向に合った日常生活を送ることができている。

　しかしこのようなこれまでの行政と企業による社会システムだけでは補い切れない社会的ニーズが生まれ始めている。

　現代社会においては、新しい文化や環境をいち早く取り込むことが魅力的だった高度経済成長とは異なり、個人の志向が多様化している。そのような小さな集団が持つ細かなニーズに対しては、かつての企業・行政だけではカバーできない状況が生まれてきている。我が国では、家庭や地域コミュニティの衰退によって、かつて補完されてきた行政と企業の隙間が徐々に埋まらないようになってきている。

　行政でも、企業でもどちらでも一定規模以上の社会的需要があるところにのみサービスが提供される。行政においては一部の市民に対してのみ提供されるサービスは、税金を投入する上での公共性判断のために議論が求められる。一方、企業経営においてもまた、一定の市場がなければ収益を十分に出すことが難しい。

また行政においても赤字の財政の中で、かつての税収では行えた行政サービスを削減、さらに新たなニーズに応じることが難しくなっている実態がある。際限なく増加するニーズに、税金だけで対応することも限界が訪れつつある。
　地域によっては地域の中小企業が提供してきたサービスが、その経営者の高齢化などによって引き継がれず、提供されなくなってしまう問題が生まれている。別の地域では市場競争によって中小小売店が衰退した後に、地域の大手スーパーが撤退し、日常に必要な食品が購入できないといった問題もある。
　一方で、私たちの生活では一部の限られた地域、限られた需要者であっても困難に直面している生活者をサポートする必要がある。つまりこれまでの行政とも、これまでの企業とも異なる主体が求められているのである。
　従来、市民はこのような一部の社会問題をサポートすることを行政に対して"運動"として要望を出し、対応を求めることがあったが、それは十分な効果を得ることはできなかった。だからこそ、このような地域固有、一部の人々固有のニーズを拾い上げてサービス提供していく、コミュニティビジネスという概念に注目が集まっているのだ。
　事業的な側面から考えるコミュニティビジネスとは、一般的な市場原理では成立しにくい分野、行政としてもサービス提供が難しい固有の社会的ニーズに対応する中小規模のビジネスと言える。つまり、放っておいては誰も担い手が生まれないような分野に、独自のイノベーティヴな手法を用いて参入する事業的試みなのである。
　例えば、一地域に居住している高齢者向けに限定した店舗事業などは、収益性が十分にとれないことから一般的な企業経営では相手にすることは少ない。かつてのパパママストアと呼ばれた個人事業レベルであれば提供できたものの、そのような担い手も少なくなり、さらにスーパーなどに小売市場が寡占化されていくことによって、ますます中小の小売店は継続的に収益をあげることは困難な環境になるだろう。しかし地域に商品流通がなくなれば、生活をすることが非常に困難になる。このような問題を解決するために、地域の商品流通インフラとして小売業に取り組む試みも存在している。具体的には熊本県で「徒歩圏マーケット」[注1]というコミュニティビジネスが成果を上げている。
　「徒歩圏マーケット」とは、大型スーパーなどとの競争で地域の小売店がなく

なった熊本県荒尾市で、高齢者が日常的な買い物ができなくなり困っていた状況を改善すべく設立された。文字通り、徒歩圏内で買いに来られる小さな商店事業である。地域高齢者向けの小さなマーケットとして徒歩圏を商圏として設定し、経営的に成り立たせることで、高齢者は毎日新鮮なものを購入でき、さらにコミュニケーションの場を作ることで孤独化を回避することに役立っているコミュニティビジネスである。

　このように民間でも、行政でもない、新たな地域インフラを事業的に提供するのがコミュニティビジネスに期待されている役割である。

　戦後経済成長に伴い、我が国では行政セクターによる社会的サービスが充実されていった。

　我が国は戦後経済成長を果たすために、輸出中心の産業構造をつくり上げた。かつての第1次産業に従事する農山漁村の若手労働力を第2次産業で一括採用することで、産業シフトを推進していった。結果として農山漁村から若者は、大都市に集中するようになった。これがいわゆる団塊の世代が経験した社会シフトである。結果として、焦土と化していた日本は終戦後10年で戦前と同程度の経済規模に復興し、さらに1968年には世界第2位の経済大国へと駆け上がっていった。

　このような産業シフトには、社会的な是正が求められた。当然ながら第2次産業に人手を取られた第1次産業を中心としていた地方都市では、家族の営みそのものが変化せざるを得なくなった。

　具体的には、介護などの福祉サービスは従来、家族単位で行っていた。親子3世代が一つの家に住み、農地を耕して生活をしていた際には、高齢となった祖父祖母の生活はその子供たち、孫たちが面倒を見ることができた。また逆に子や孫の面倒を祖父、祖母が見ることも無理がなかった。しかし、このような家族構成、生活が著しく変化したことで、福祉サービスは行政が担うシステムへと変化していった。年金制度というシステムもこのような社会変化の中で、老後生活を支えるシステムとして定着していった。

　一方の都市部では、農村のようなコミュニティはなく、高度経済成長に合わせて急増した都市部の人口を吸収すべくニュータウンなどの効率的な都市形成が進められた。そこでは過去の地域コミュニティなどを引きずらず、各家族間

のつながりが簡素となったこと。結果としてそれぞれが独立した生活を営みやすくなった反面、互いに助け合う補完関係が成り立たなくなっていった。共用部分の維持管理もかつては地域の皆で分担していたものが、共益費としてお金を支払い花壇から階段の掃除まで維持管理するのが一般的になった。そのように各家庭が抱える社会的課題の多くは行政にアウトソーシング🔢04（外注）していくようになる。例えば介護は介護施設、互いの子供の面倒も保育園を利用するようになっていったのだ。

　このように、戦後経済成長を実現するとともに、かつては家庭や地域社会で吸収できていた各種サービスを税金や各種保険制度をもとにする「行政サービス」に切り替えていったのも戦後社会の歴史の一つである。

　現在、私たちの多くは地域コミュニティ活動に熱心に取り組んだことがほとんどない。かつては税金を支払わずとも自分たちの共同負担によって賄われてきた社会的サービスが、行政サービスの一貫に組み込まれたという意識も非常に薄い。

　同時に、かつてのような濃密な地域社会に戻って生活できるかと言えば、それも難しい。私たちは社会的なサービスの多くを税金を支払って受ける、アウトソーシングするのが基本という生活に慣れてしまっているからだ。

　しかしながら、完全に行政に頼り切る生活も実は不安に満ちていることは昨今の社会で多く指摘される問題である。あらゆる市民のニーズに応えることはできない。行政も、財政的・人材的に限界があるからだ。

　従来の行政経営が問題視されることも多い。昨今、夕張市のような破産自治体も生まれるなど、これまでの赤字体質の公共セクターの改革が叫ばれている。大阪府橋下知事のように提供するサービスの数の削減、品質の引き下げなどを行って財政を立て直す必要さえ出てきている。これは、従来の行政サービスへの依存度が過剰に高まり、既存の税制システムでは組織を維持できないような状況になっていることを示していると言える。

　要するに、戦後進展してきた行政に完全依存した社会サービス生活を改める必要が生まれているのである。当然ながら行政サービスとして提供される必要のある事業は残るが、今後必要となってくるあらゆる社会サービスをすべて行政だけで担うことはほぼ不可能なのである。

さらに、今後は新たに取り組む公共サービスに対して、厳しい公共性論議が必要になってくる。すでにオーバーワークとなっている行政サービスをさらに追加するためには、社会的必要性が高いものに限られる。一部の地域やグループのニーズに行政全体で応えてもらうことは非常に困難である。
　そこで期待が集まるのが、民間によるコミュニティビジネスなのである。
　コミュニティビジネスは、今後生まれてくる地域内における社会的ニーズを拾い上げ、行政サービスとしてではなく、民間の事業的な手法でサービス提供していくことを期待されている。
　今後、財政的な課題、公共性判断の面からも特定の地域の特定のニーズを拾い上げることが困難な行政が、民間のコミュニティビジネスに期待を集めているのは、このような時代の背景があるのだ。

2 ｜民間企業セクターの特徴と制約

　私たちの生活が多様に営まれているのは民間企業のお陰である。
　今、目の前にあるものを見回してほしい。机、椅子、携帯電話、パソコン、蛍光灯、プロジェクター、あらゆる製品はすべて民間企業によって提供されている商品である。特に日本においては、あらゆる製品を民間企業が生産して世界中に供給している。だから私たちは、このような物質社会が当たり前だと思っているが、これもまた戦後経済成長によって獲得できた、世界でまれに見る豊かな社会の一側面である。
　行政セクターとは異なり、公益性でサービスを絞り込む必要がなく、一定の顧客が見込めるものであれば商品・サービスが開発されるのが民間企業セクターの特徴である。大企業から中小零細企業まで様々な規模の企業が私たちの生活に多様なサービスを提供している。
　さらに昨今注目された郵政民営化のように、1980年代以降、従来行政が提供してきたサービスも民間企業として提供されるようになってきている。例えば、鉄道も国鉄がJRに民営化され、電電公社はNTTへと完全な民間企業化が図られたのは私たちの生活に非常に近い変化と言える。
　公共セクターは毎年の予算措置をもとに経営されるのに対し、民間企業は基本的には売上から経費を差し引いて利益が出るように経営される必要がある。

そのため、非効率な条件は極力排除され、効率的な管理が行われる。効率的な管理を目指して、行政サービスを民間サービスに転換する動きが加速しているのは、前述の行政の財政負担力の低下、行政サービスの過度な拡充による民業圧迫、政治との癒着などの問題が増大している背景がある。
　また民間企業によるサービス種類は、特定の規制商品やサービスを除いて、基本的には自由に提供できる。そのため、公共性論議が必要な行政サービスとは異なり、多様なサービスが提供されるというメリットもある。
　一方で、民間企業にも制約はある。
　まず行政サービスのように、不採算であっても予算で補填するといった構造は基本的に作ることができない。そのため、商品サービスを提供した顧客から提供に必要な費用以上の売上を得られるものでなければならない。さもなければ、民間企業は倒産してしまう。
　また利益創出することは効率化を生み出すとともに、逆に経営上の制約になることもある。利益創出に関する圧力は、株主が多くなり利益期待がある場合に特に生じる。上場企業のように多くの株主が、株式からの利益を期待している場合には利益最大化を目指すことが多い。
　また、競合との競争があるのも民間企業の特徴であり、制約を受ける要素である。
　行政サービスはそれぞれの行政区域内で競合が生まれることはない。各々決められたテリトリーの中で棲み分けている制度だからである。
　しかし、民間企業は複数の企業同士で競争するのが基本である。この競争がサービス品質の向上につながる良い面もある。一方で、競争によって負けた企業は市場から撤退しなければならない。そのため大手の企業が中小企業との競争で打ち勝ち、地域の市場のほとんどを獲得することもある。また逆に技術力などで強い中小企業が大手企業に勝つこともある。このように常に競争が働くのも民間企業による商品・サービス提供の特徴と言える。正常に競争が働いている場合には問題がないが、時には大手企業による占有などが行われることや、地域企業による地元政治との癒着問題などが発生して不当な競争環境が発生することもしばしばある。
　このような規模の制約、競争環境へ適応するため民間企業は「経営（マネジ

メント)」を最大限に駆使している。置かれている環境分析、自分たちの組織制約の分析を通じて戦略を構築し、効果的に顧客に商品・サービスを提供するためのマーケティングも積極的に展開する。自分たちの持っている資金管理を正確に行うために会計手法は発達し、参加する人材を活かすための組織構造も効果的に運営しようとしている。このような努力から、現在では行政サービスよりも多様で魅力あるサービスが民間企業から提供されている。

　コミュニティビジネスも民間企業の一部と整理することができる。コミュニティビジネスは非営利組織形態をとる場合もあるが、基本的には経営的手法を用いて、社会的需要を対象にサービスを提供して、何らかの対価を受け取り、組織を運営していく。組織運営に必要な最低限の規模が必要であること、類似する組織との競争環境に置かれることは民間企業と同様である。

　しかしコミュニティビジネスは、特に一般的な民間企業であれば進出しないような不利な条件の地域、不利な顧客に対してサービスを提供することに期待が集まっている。そのような不利な条件を克服するだけの、経営的なイノベーションが必要なのが、コミュニティビジネスの特徴である。

3 ｜ 社会的要請を経営的に解決する

　これまで述べてきたように、私たちは様々な社会的機能をアウトソーシングしてきた一方で、すでに行政機能は限界を迎えつつあり、財政的な基盤に見合った機能に絞り込みを図ることが要求されている。もし行政にすべての機能を期待するのであれば、今以上の高い税負担を行うことが要求されるだろう。そうではない異なる道として、民間で最大限の努力を行うことで社会的需要を吸収し、小規模ビジネスとして成立させていくことがコミュニティビジネスには期待されているのである。

　コミュニティビジネスは時には営利組織の形態で、時には非営利組織の形態で運営される。この2つの違いは、利益の再分配の有無である。事業を通じて生み出された利益を出資者たちに分配するものは営利組織、事業を通じて生み出された利益をさらに事業の充実のために再投資するのが非営利組織として整理することができる。ただし、営利組織でもすべてを分配するのではなく、一部に留めて事業に再投資する場合もある。

コミュニティビジネスは柔軟に取り組む事業性質によって、営利組織、非営利組織を使い分ける必要がある。設備投資が必要な大規模な事業の場合には資金調達が必要であり、そのためには出資者に一部配当というインセンティヴを設けることでその資金調達を容易にすることができる。

　一方で、非営利組織を選択することによって様々な団体との間で協力関係を円滑に構築することも考えられる。行政なども営利組織とは関係構築ができない場合にも、非営利組織であることで、協力をしてくれる場合もある。

　さて、組織形態の違いに関係なくコミュニティビジネスに求められるのは、制約の多い条件でも経営的に成立するビジネスモデルだ。

　コミュニティビジネスが担う市場は、行政と企業双方にとって不利な部分である。行政サービスとしては公共性が低く、民間企業としても十分な顧客もしくは事業的な対価を得られにくいことが主な制約と言える。

　これら制約を乗り越えるビジネスモデルに求められるのは、少ない顧客基盤・低額の対価でも運営が可能なコンパクトな経営モデルである。大企業のような膨大な間接部門（事業に従事しない事務局人材など）を抱えることは難しい。すべてのスタッフに対して一般的な報酬を払うことばかりでなく、ボランタリースタッフを一部採用し、スタッフ以外にも協力者を多く集めることで全体の事業を支える仕組みを作り上げることが必要になる。

　また顧客自身もコミュニティビジネスに参画する、提供者と受給者がともに運営する協同組合形態も考えられる。

　その他の方法として、単一顧客だけでなく複数顧客から収益を得られるようなマルチサイドプラットフォーム[注2]型のビジネスとして経営を安定させることもある（図3・1）。例えば、高齢者が集うコミュニティスペースの運営において、利用者から利用料を徴収するだけでなく、高齢者介護製品を販売する企業からの協賛を得るなど、ビジネスの特徴を活かした複数の収入源を作ることが考えられる。

　コミュニティビジネスは、行政では提供できない地域における社会的需要に対応し、民間として経営的に成立する構造を巧みに実現するものである。そのためには一般的なビジネス常識にとらわれることなく、柔軟に経営資源を集め、多角的な収益モデルを確立することが重要である。

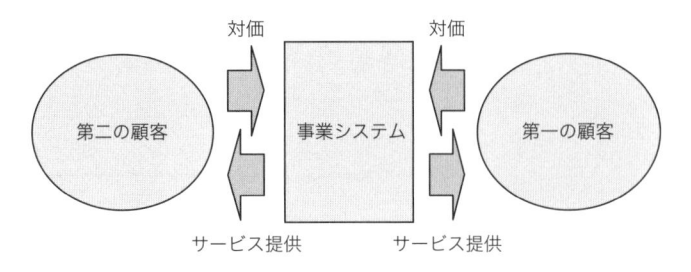

1つの事業を通じて2顧客にサービス提供し、複数の収入を得ていくモデル

図3・1　マルチサイドプラットフォーム　例えば地域でのクーポン発行機能付空き缶回収機では、クーポン発行する商店街等の店舗からの会費収入と、回収された空き缶等を回収業者に販売することで得られる収入の２つが組み合わされているマルチサイドプラットフォームとなっている。

　コミュニティビジネスは、何らかの形で社会的需要を受け止められる独自のソリューションを作り上げている。このソリューションこそがコミュニティビジネスの根幹をなすものである。

4 ｜コミュニティビジネスセクターの経営規模

　我が国においては、コミュニティビジネスセクターに関する統計情報に関しては、まだ定年調査などは行われておらず、正確な情報はつかめる状況にない。しかしながら、コミュニティビジネスの実態を予測する上で参考となる統計調査をここで紹介し、コミュニティビジネスセクターの経営規模について考える。

❶コミュニティビジネスの経営力に関する実態調査

　経済産業省「コミュニティビジネス経営力向上マニュアル」（2007）の調査において、国内の中間支援団体が把握する代表的なコミュニティビジネス125団体に行った調査結果をもとに説明を行う。

　コミュニティビジネスに取り組む団体の法人形態としては、NPO法人56.8％、任意団体15.2％、株式会社8.0％という割合になっている。基本的にはコミュニティビジネスはNPO法人がその過半を占めており、非営利組織形態が主流と言える。一方、株式会社形態で推進しているケースも存在しており、事業に応じて選択していると考えられる。

年間収入規模としては、1000〜3000万円が全体の28.8％を占め、5000万円以上が20.8％、500万円未満が18.4％となっており、零細企業の水準と言える。

　スタッフの状況として、常勤スタッフ人数は1〜4人が48％を占めてもっとも多く、10人以上が23.2％となっている。常勤のうち有給スタッフ数として、1〜4人を抱えている組織が43.2％、0人の場合も10.4％占めている。つまり、常勤スタッフとして取り扱いながらも10.4％の組織では給与が支払われていないことを指す。

　ボランティアスタッフを10人以上抱える組織は29.6％と、コミュニティビジネス組織は常勤スタッフだけでなく、ボランティアスタッフを活用して運営を行っていることがわかる。

　中核事業としては、高齢者・障害者支援事業が19.2％を占め、飲食店・コミュニティレストランの運営や環境リサイクルが各々12.0％を占めている。高齢者福祉事業においては介護保険が存在しており、近年制度的に水準が厳しくなっているが、それでも介護保険料という収入源が見込めるため、比較的事業モデルが描きやすい面があることが影響しているだろう。

　中核事業の採算性に関しては、利益が出ていると回答しているのが28.0％、収支に見合っていると回答した組織が39.2％に上っている。しかしながら一方で24％の組織は中核事業が赤字であると回答している。

　このようにコミュニティビジネスセクターの各組織は、小規模な経営規模が多く、スタッフは小規模かつボランティアスタッフを多様に活用している。事業面では、中核事業でも一般的な介護事業が多く、また事業課題を抱えているケースも多い。このことからもコミュニティビジネスは事業モデル面でのイノベーションが求められていると言える。

❷ NPOセクターの経済規模と雇用

　先の経済産業省の調査でも明らかになったように、コミュニティビジネスに取り組む組織の多くをNPO法人、任意団体が占めている。高柳・高橋・今瀬「産業関連表によるNPOの経済効果の分析」（2002）をもとに、NPOセクターの経済規模に触れたい。

　2000年におけるNPOの産業生産額は6941億円とされており、産業規模とし

ては小さなものとなっている。ただし、NPOの特徴としてNPOの生産額の約60％に相当する4325億円はボランティアなどから無償提供されているものであり、これは全国67.3万人の労働力に相当する。一方、常勤スタッフは8万人、非常勤スタッフは9.7万人とされており、ボランティアスタッフと比較して非常に少ないことがわかる。NPOセクターはボランティアスタッフによる多額の労働提供のもとに成り立っているのがわかる。これは、コミュニティビジネスの調査でも現れていたボランティアスタッフの貢献が、他の産業とは異なる特徴と言えることがわかる。

また2010年におけるNPOセクターの経済規模の予測も出されており、1兆7844億円と予測されている。またさらにNPOサービスの拡充によって、行政サービスからのシフトが促進されることによって、予測以上の規模に成長することも見込まれている。この時の雇用者数は、常勤職員が18.8万人、非常勤で22.9万人と予測されている。

経済産業研究所「NPO法人の活動に関する調査研究」（2006）における調査によると、常勤スタッフの給与水準は平均166万円と低水準なものとなっている。年収300万円以上の給与を受け取っている常勤スタッフは、全体の15％となっている。国税庁「民間給与実態統計調査」（2007）によると、サラリーマン給与の平均水準は347万円となっていることからも、NPO法人に勤務するスタッフの年収が相対的に低いことがわかる。

今後はコミュニティビジネスセクターとして、産業生産額が増加して存在感を増していくだけでなく、一つのビジネスとして質の良い雇用創出・維持につながる努力が求められている。同時に、既存産業にはないボランティアスタッフの拡充が求められる。

3・2 社会起業家の役割

1 コミュニティビジネスにおける社会起業家の役割

コミュニティビジネスで重要なのは、主体的にビジネスを興すことである。

机の上だけでモデルを語るのではなく、実際に事業として立ち上げてこそ意味がある。

　コミュニティビジネス分野における社会起業家の役割は、新たな地域社会における新たな需要に対応した独自のソリューションとなるビジネスモデルを開発し、それを実際に提供することにある。つまり第三者的なコンサルタントではなく、当事者として解決に取り組むことが重要な役割である。

　一般的にコミュニティビジネスでは、様々な事例などが紹介され、論理的整理がコンサルタントや専門家によって行われる。しかし、実際に困った人々のいる地域ではそれを知らされるだけでは何ら解決にはならない。実際にその地域で事業が開始されなくてはならないのである。具体的な解決策を構想し、それを実現する役割こそが、社会起業家のあるべき姿である。

　社会問題解決を掲げて事業に取り組む起業家を、特に「社会起業家」と特別に分類されることが一般化してきている。我が国で社会起業家という名称が一般的に用いられるようになったのは、町田洋次氏の「社会起業家―「よい社会」をつくる人たち」(2000) が一つの契機となっている。その後、日本財団やNPO法人Etic.が社会起業家支援を立ち上げるなど、各方面で社会起業家をキーワードにした動きが活発化してきた。

　しかし社会起業家への期待を改めて整理する上で、これまでの企業と社会との関係、起業家と社会との関係性を考え冷静に理解する必要がある。

　世の中の企業はあらゆる規模の大小はあるが、すべて何らかの社会的需要に応えている。だからこそ対価を顧客から正当に受け取れるのである。例えば、自動車メーカーも、自動車という文明の利器を私たちに購入できる価格で提供をしてくれている。これによって、100年前には移動できなかった場所に簡単に移動できるなど、私たちにかけがえのない便益を与えている。さらに高い付加価値によって多くの労働者を雇用している。これらは十分な社会性として評価できる。

　また、すべての起業家は何らかの社会的使命感を持っていることが多い。もちろん、利益偏重主義者もいるが、必ずしも利益のみならず、社会的な役割を考えて事業を興した人物は、一般企業分野においても多い。これまでも渋沢栄一は『論語と算盤』という著書において、単に数字を追求するのではなく、論

語に基づくような道徳が重要であると述べている。松下幸之助は『実践経営哲学』において、むやみな利益追求ではない哲学ある経営について自らの経験をもとにまとめている。このように、社会性を重んじる起業家はかねてより高い評価を得てきている。我が国においては、社会的使命と事業と結びつけた人物を高く評価する流れが存在していたと言えよう。社会起業家とは、言葉こそ新しく受け止められるが、全く新たな概念ではなく、我が国では事業による社会問題解決は非常に長い歴史を持ってきたと言えるのである。

　この中でも、特に社会起業家は強く社会性を意識し、経済的成果と社会的成果の2軸でその業績を表していく。意識的に社会貢献をする、もしくは実際の経営の付随的な要素として社会性を打ち出すのではなく、事業そのものの社会的成果を業績として定めるのである。

　組織経営上の指標としても財務情報だけでなく、その社会的影響力（ソーシャル・インパクト）も価値として経営を行っていく。その点が、従来の企業経営スタイルにはない新たな経営スタイルと言えるだろう。

　さらにコミュニティビジネス分野における社会起業家の新しい点は、地域社会に根付いた事業を作り上げていこうという点にある。これまでの起業家は特定地域に限定した事業よりは、事業モデルが先にあり、その展開は日本全体、世界の中で適切な立地を選択して展開を行ってきた。つまり、特定の地域の課題解決だけに組織を作り上げてはいない。一方のコミュニティビジネス型の社会起業家は、特定地域の抱える課題を具体的に解決することに注力している。そのため、むやみに規模の大小を問うことを目的としていなく、事業に適切な立地などを求めるのではなく、あくまで特定地域において立地した上でどう事業を成り立たせるかという制約を大前提として持っている。

　そのためコミュニティビジネス型の社会起業家は地域社会の抱える課題解決という重要性を強く意識し、あえて経済合理性と相反する環境を選択しながら、経営によるイノベーションを起こす難題に立ち向かうことになる。

　コミュニティビジネス分野においてそのリーダーが注目されるのには、コミュニティビジネス自身が未だ産業分野として黎明期であることを指し示している。多くのコミュニティビジネスを牽引する組織が、ほとんど誕生して長期間経っていない。そのため、強いパーソナリティを持つ創業者が高い注目を集め

る。

　ただし、あらゆるコミュニティビジネスは社会起業家一人で構築することは難しく、また継続性を考える上でも組織的に解決を果たすことが重要である。コミュニティビジネス型の社会起業家は、単独で創業して事業を拡大していくことではなく、地域内外に存在している営利・非営利を問わず様々な組織や個人と結びつき、地域社会の課題を組織的に解決していくことが期待される。

　一部には、社会起業家を従来にない革新的な存在としてもてはやす傾向がある。もちろん評価すべき存在ではあるが、決して客観的な評価を目的に社会起業家は取り組むべきではない。近年、社会的なブームとも取られる社会起業家への注目があるが、これは冷静に評価しなくてはならない。

　前述の通りあらゆる企業、起業家は何らの社会性を持っている。社会起業家のみが社会性を持っているのではない。そのような自己顕示とは関係なく、それでもなお地域社会の課題解決に取り組む主体者こそが、社会起業家であると言える。

2 ｜ 社会起業家に求められる成果

　社会起業家は、社会的問題提唱者である前に起業家である必要がある。つまり、事業経営で成果を上げることが最も重要な役割である。もし事業経営が立ちゆかなければ、組織運営は頓挫し、社会的課題解決も同時に中止せざるを得ない。

　一方で、事業成果だけでも不十分なのが社会起業家である。社会起業家は、一般企業家の主たる評価基準である資本的価値とともに、社会的価値も問われる立場となる。このような2つの目標があることを、ダブル・ボトムラインと呼ぶ。

　第一として、一般企業同様に経済的成果（エコノミック・バリュー）[注3]が問われる。収益が見合わない赤字垂れ流しのコミュニティビジネスを経営することは、社会起業家には期待されていない。事業性が一定確保される経営を実現するのは、あらゆる起業家の責務である。

　未だ社会起業家に関しては、事業性の点では課題を抱えている。特に事業的に社会課題に取り組むことそのものの評価が高いことから、事業的成果に関し

ては厳しくは見られないのも事実である。ただし今後、この分野を成長させるためには、社会起業家の個人的な取り組みではなく、組織的な取り組みを育成し、事業成果を伸ばしていくことが重要であると言える。

　第二として、社会的な価値（ソーシャル・バリュー）[注4]を生み出すことが求められる。なぜならば、もし社会的な価値を打ち出せなければ、一般的なビジネスとの差異がほとんど見られなくなるからである。

　しかし、社会的な価値は事業価値よりも目に見えない問題がある。事業価値は、財務諸表や損益計算書など一般企業が用いてきた会計的手法を全分野に対して評価することができる。

　一方の社会的価値はそれぞれの事業に依存することから、普遍的な評価手法が導き出しにくい特徴がある。普遍的な社会的価値と言えば、すべてのコミュニティビジネスに共通して雇用創出があげられるだろう。だがそれは一般的なビジネスにおいても生み出されるものであり、コミュニティビジネス特有のものではない。もちろん過疎化の進む地域で新たな雇用を創出するコミュニティビジネスは高く評価されるべきであるが、それだけが価値というのでは、コミュニティビジネスの社会的価値と呼ぶには弱いと言えるだろう。

　そのためコミュニティビジネスが創出する社会的な価値を"どう評価するか"も、初期のビジネスモデルを構築する際に検討すべき課題である。自分たちが提供するコミュニティビジネスが、いったいどのような社会的価値を提供するものなのか、明確に答えられる必要がある（図3・2）。

　例えば、コミュニティバスを運営する際には、まず公共交通手段を作ること

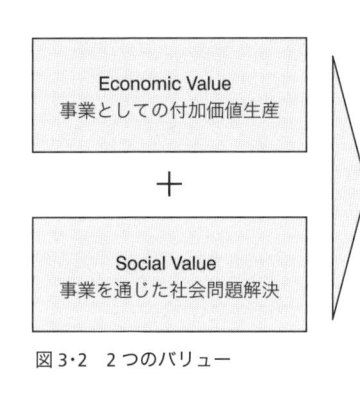

```
┌─────────────────┐
│ Economic Value  │
│ 事業としての付加価値生産 │
└─────────────────┘
         ＋              → 2つの価値を持つことこそ、求められ
┌─────────────────┐       ているコミュニティビジネスである。
│ Social Value    │
│ 事業を通じた社会問題解決 │
└─────────────────┘
```

図3・2　2つのバリュー

が周辺地域において自動車を利用することができない高齢者の方々にとって社会インフラとしての価値があり、さらに公共交通機関によりCO_2削減効果などが期待される社会的価値と言える。さらに、バス停を地域店舗の前に設置を行うことで、地域商業活性化という地域産業への貢献も可能であり、これも社会的価値と定義づけられるだろう。

このように、単一の事業の中にも様々な評価可能な面があり、複眼的に社会的価値を見極めることが求められる。新たな社会的価値を見出すことは、前述のマルチサイドプラットフォームを作り上げ、事業的価値を伸ばしていく上でも有効である。コミュニティバスが同時に、食物油を利用したCO_2削減事業であれば、食物油を処理している飲食店は産業廃棄物処理費の一部を収入に変えることも可能であり、バス停設置あたりの送客効果に対して一部設置料金を受け取ることもできる。つまり地域において役立つことは、新たなコミュニティビジネスとしての収入確保の面でも大きな機会発見につながる可能性がある。

また当然ながら事業を進める中で、新たな社会的価値に気づかされることもある。

このように、社会起業家は事業的価値の拡大、社会的価値の拡大双方に取り組むことが要求される。このどちらが欠けてもならない。

❶ソーシャルアントレプレナーシップ

社会起業家は、先の経済的・社会的価値を生み出す機能的な面とともに、様々な困難に立ち向かう精神性なども含めてソーシャルアントレプレナーシップ[23]と呼ばれる。

従来、ベンチャー企業を興す起業家たちのその精神性や経済的機能等をあわせてアントレプレナーシップとして説明されることがあったが、そこに社会的ミッション性などを加えてソーシャルアントレプレナーシップと整理される。

しかし実態として前述の通り、従来から社会的ミッション性を強く意識する起業家は非常に多く存在してきた。ソニー創業者でもある井深勝氏が、戦後焼け野原から新たにソニーの前進となる東京通信工業を創業する際に書かれた、設立趣意書はあまりにも有名だ。そこには、「日本再建、文化向上ニ対スル技術面、生産面ヨリノ活発ナル活動」「戦時中、各方面ニ非常ニ進歩シタル技術ノ国

民生活内ヘノ即事応用」などと、技術を中核にした日本経済の復興を目指すことを打ち出している。餓死者が出ていた日本において、しっかりとした経済をたてなおすことは非常に大きな社会的貢献であった。また井深勝氏は戦後の貧しい時期からも教育事業に力を入れて、科学教育を推進する財団設立なども行っていた。このようなことからも、紛れもなく井深勝氏は起業家としてだけでなく、社会的課題解決に取り組む社会起業家であったと言えるだろう。

　さらに、ここ数年は企業の社会的責任注5（CSR：Corporate Social Responsibility）が問われ、民間企業においても社会的責任を果たす努力を行うようになっている。従来の大企業からNPOなどへ寄付を行う形式だけでなく、環境配慮型製品を出すことでエコブランディングを目指すなど本業と連動した社会貢献が進みつつある。

　また、自社製品を買うことで同時に寄付金が送金されるといった、コーズ・リレーティッド・マーケティングも急速に拡大している。最近では、ボルビックの「1L for 10L（ワンリッター・フォー・テンリッター）」といった、ボルビック購入1リットルにつき、アフリカなどの水資源が不足している地域に10リットル分の井戸を掘るというキャンペーンが大成功し、コーズ・リレーティッド・マーケティング[+10]が注目されつつある。

　コーズ・リレーティッド・マーケティングとは、1980年代にアメリカンエキスプレス社が自由の女神修復キャンペーンを展開して大成功を収めたことに端を発して注目されたマーケティング戦略である。同社はキャンペーン期間中に利用されたアメリカンエキスプレスの決済額の一部を自由の女神修復基金に寄付することを大々的に広報して成功した。従来の利用額に応じた利用者へのキャッシュバックといった企業と顧客との関係性を超えて、企業と社会との協働をアピールすることが、顧客の新たなニーズ発掘につながったものである。単に社会貢献をするだけでなく、顧客参加型の社会貢献の機会を企業が提供できることもまた、今後は可能性を秘めている領域である。

　このように、一般の営利企業も従来の個人の豊かさを追及した商品開発などだけでなく、社会にとっての価値を含めて提供することが高く評価されるようになっている。

　一方の社会起業家は、文字通り従来の寄付金をもらいサービスを提供する

NPOのような存在ではなく、事業的に解決を図ることが求められている。いくら高い思想を持ち合わせていても、経営的なイノベーションを起こせない人物を社会起業家とは呼ばない。

このように従来型の営利追求のためには手段を選ばない営利企業と、社会的サービスを供給するために寄付金や補助金で運営する非営利組織、という構図はすでに成り立たなくなってきている。そのため、その創業者である起業家たちの分類も、どこまでが一般的な起業家で、どこからが社会起業家であるかという線引きは非常に難しい。

❷ 不利な条件を克服するイノベーションの必要性

事業において、立地は非常に大きな要素である。コミュニティビジネスに期待が集まる地域の多くは、事業を展開する上で不利な立地の場合が多い。過疎化の進む農山漁村などでのニーズに応えるコミュニティビジネスは、そのような過酷な中で事業性を確保しなければならない。

つまり不利な条件下でも、最低限可能な事業モデルを考えて地域の課題解決に向けて実行する、強固な意志と経営的イノベーションがコミュニティビジネスに取り組む社会起業家には要求される。不利な環境下でのコミュニティビジネスのケースとして代表的なものは、徳島県上勝町・㈱いろどり➡事例3・1、滋賀県長浜市・㈱黒壁➡事例3・2、山形県新庄市まちづくり協同組合「虹」➡事例5・1、などがあげられる。

事例3・1 ㈱いろどり

㈱いろどりは、人口わずか約2200人の徳島県上勝町において、1999年に設立された"ツマモノ"ビジネスを展開するコミュニティビジネス会社である。ツマモノとは、料亭などにおいて料理に添える葉っぱ、枝、花等のことであり、これらを注文に応じて安定的かつ迅速に供給する事業を同社は行っている。

本事業に着手する背景として上勝町の住民の多くが農業就業者でありながら、高齢化が著しく重労働はできない環境で、地域内で新しい収入源となる産業が必要とされていた。そこで料亭の料理に使われるツマモノ（季節の葉

や枝などの添え物）に着目し、大阪・京都などに出荷する事業を立ち上げることとなったのである。ツマモノは重さがなく、収穫作業や運搬が高齢農業者の負担にならなかったからである。

しかし単に参入しただけでなく、競争力を維持するために町内インフラを利用した受発注システム、各農家からの逆エントリー制を設けるなど、システム面、インセンティヴ構造の面でイノベーションを生み出している。

事例3・2 ㈱黒壁

長浜市の㈱黒壁は著しく衰退していた中心市街地に、蔵を生かしたレストラン、ガラス工房、レトロな商店街などを形成して、多くの観光客が訪れる観光地へと変貌を遂げたケースとして有名である。

滋賀県長浜市は、琵琶湖の北部（湖北）に位置する、人口約8万3000人の地方都市である。

空洞化していた長浜市中心部において、明治時代に建設された銀行跡地の建物を核とした観光事業を立ち上げた㈱黒壁は、年間200万人を超える観光客を集めるなど大きな成果を上げた。同社は1988年に地元の青年会議所の経営者仲間たちを中心とした企業6法人・1個人が9000万円を出資、長浜市が4000万円を出資する第三セクター方式で設立された。その後、レストランやガラス館等を展開することによって観光客を集めることに成功、空洞化していた中心市街地には新しい消費が生まれ、空き店舗も解消、雇用も拡大している。その後、周辺にも類似した店舗が集積し、黒壁の直接事業以外にも街全体に、クラスター型の成果を上げている。

鶴岡市の庄内まちづくり協同組合「虹」⇒事例5・1では、地域での国民年金でも安心できる福祉を目的として、医療生協を核として、デイケアサービスセンターから介護施設、フィットネスクラブなどを複数経営している。地域において安心して生活ができる福祉サービスを、複数の事業を組み合わせて黒字事業、赤字事業を全体でバランスさせているコミュニティビジネスのグループ経営とも言える手法である。

このように各地域の抱える高齢化の課題、経済的な課題、福祉的な課題など

をそれぞれが事業として解決策を講じている。株式会社や協同組合形式など様々な形態を活用し、様々な組織との提携を持って、地域社会の抱える課題に新たな新規事業を開発しており、コミュニティビジネスはまさにこのような地域課題と事業とを結びつける試みである。このどれもが自治体や一般的な営利企業などでは取り組むインセンティヴが乏しく、その地域の課題解決を目的に社会起業家たちによって設置されたコミュニティビジネス組織だからこそ取り組めるものである。またこれらの組織は誰か一人だけの社会起業家だけが注目されるのではなく、複数の社会起業家が集まって組織的に展開していることも非常に重要な要素である。

　公共セクターでも、民間企業セクターでも取り組まない事業領域を開拓するには、このような不利な条件を引き受けた上で、最低限の採算性を維持できる環境を構築する。そのために粘り強い起業家としての精神力と、複雑な関係性を整理して牽引する経営能力を持つ人材が求められているのである。

　そのため若者がコミュニティビジネスに取り組むだけでなく、様々な事業経験豊かな高齢の経営者が新たな事業としてコミュニティビジネスを構築する社会起業家となることもあるだろう。また企業内で新たなコミュニティビジネスを構築する、企業内からの社会起業家も今後は登場することが考えられる。

3 ｜ 社会起業家を支えるプラットフォーム

　コミュニティビジネスを進める上で、社会起業家は様々な困難と向き合う必要がある。いくら優れた起業家であっても、一人だけでその困難を乗り越えることは難しく、起業家を支える仲間、支援者が必要になる。特にコミュニティビジネスにおいては、非常に人材流動性の低い地方都市や地域社会という限られた経営資源の中で、事業を構築する必要がある。そのためには、初期の事業立ち上げ期において特に支援を要する。

　米国や英国において、社会起業家への支援組織が大きな役割を果たしている。米国においては、ベンチャーキャピタルによる企業育成方法を応用し、社会起業家による事業構築を金融面、経営面から支援を行うことで成果を上げる各種団体が存在している。我が国でもこのような影響を受けて、支援活動の試みが行われている。

コミュニティビジネスを創業する上で、社会起業家が必要とする支援としては、主に金融面、経営面の2つが存在している。

❶金融面での支援

　コミュニティビジネスの立ち上げにおいても、初期には資金面での課題は大きい。

　立地が不利であることも多く、収益性も低い。そのため一般的に出資者を集める資金調達は困難である。しかしながら、自らの出資や信用だけでは資本的に不十分であり、コミュニティビジネスを対象にした低利での無担保融資などが求められる。

　すでに社会性の高い事業への投融資を目的とした、NPO支援基金や労働金庫による支援、政策的な補助金制度も徐々に拡充されつつある。今後は、スタート段階での支援制度とともに、コミュニティビジネスの成長プロセスに沿った資金調達を円滑に進めるための多様な金融面での支援が求められる。

❷専門実務からの支援

　社会起業家も万能ではない。いくら実践的な力に優れていても、経営には多角的な能力が求められる。

　例えば戦略を立て、それを実行するのには優れていても、会計的知識には不足している場合もある。もしくは、会計的知識に優れていても、組織運営の面では不足している能力があることも考えられる。

　先の米国や英国の社会起業家支援団体でも、支援者たちは資金の拠出とともに、自分たちの専門的労働を提供する場合がある。例えば支援団体の一員となるためには、年間1000ドルの支援金の拠出とともに、月間20時間以上の会計士なら無償の会計相談、弁護士なら無償の弁護士業務、経営者であれば無償の営業支援などを拠出し、支援団体のデータベースに登録しておく。支援を受ける団体はそれらのデータベースから打診を行う仕組みである。

　またコミュニティビジネス型の社会起業家は、小さな地域の中で事業に取り組むために、比較的小さな成功でも大きな精神的満足を得ることもある。自分たちの事業は成功したと思い込み、後に大きな失敗につながることも少なくな

い。またあまりの困難を前に自分が取り組んでいる事業の価値、意義を見失いかけることもある。

　困難な事業に取り組む社会起業家には精神的な支えとなるメンターが必要になることも多い。

　メンターとは自分が目指すべき事業分野で一定の成果をすでに上げている先駆者、もしくは事業領域のコンサルタントなどが担うことが多く、起業家の相談全般に応えるものである。時には誤っていることを指摘し、正しい道へと戻ることも大きな役割である。

❸行政による支援体制のあり方

　コミュニティビジネスは地域産業振興による雇用創出、地域福祉・医療などの公共性を認められるような効果を生んでいる。行政の代理人としての役割を担っている場合に対して、行政がどのような支援を行っていくのか、改めて考える必要が今後生まれてくるだろう。

　コミュニティビジネス側は行政からの委託や補助金などに依存しないが、新規事業立ち上げなどに際してはそれらの制度を有効活用していくことが考えられる。早期立ち上げ、投資リスクの低減、さらにサービス提供対象者の拡充のためにコミュニティビジネス組織は独自に事業に取り組むだけでなく、行政との効果的なパートナーシップが不可欠である。

4 ｜ 自らコミュニティビジネスに取り組む

　コミュニティビジネスは地理的な制約を受入れ、その範囲で事業を成立させる必要がある、難易度の高いビジネス領域である。一般的なビジネスや、一般的なソーシャルビジネスでは構築したビジネスモデルに最適な立地のもとに事業展開ができるが、コミュニティビジネスは不利な地域で実績を上げることが必須となるのだ。

　一般的な企業経営においても、これまで社会性を持つ経営者は高く評価されてきた。現在の社会企業家が特別視されることには一定の冷静さが必要である。また現在、民間企業全般に社会性の要請は強くなってきており、CSR活動などとともに、事業そのものを通じた社会貢献を目指すマーケティング戦略などが

登場している。

　社会企業家は個人で事業を構築するのではなく、幅広い組織や個人と提携関係を深め、組織的に解決に努める必要がある。それがひいては、事業の継続性につながっていく。

　コミュニティビジネスは語るものではなく、実践されてこそ価値を持つ。単にコミュニティビジネスを知識として知るだけでなく、課題を発見し、自らが実践的に解決していくことが求められている。

>>設問<<
1) コミュニティビジネス型の社会起業家が陥りやすい問題に、小さな成功でも限られた地域では過度に高く評価される場合があることを説明しました。自らの初期の目標を忘れず、継続的に事業に取り組むために必要なことを3つ述べましょう。
2) 社会企業家が求める支援に2つの支援があると説明しました。この2つの支援に関してそれぞれ、自ら支援策を1つずつ考えてみましょう。
3) 今後、自らコミュニティビジネスを興す際に、気をつけるべきことと考える課題を3つ述べましょう。

第 **4** 講

コミュニティビジネスのガバナンス

松本典子

*

本講では、コミュニティビジネスの経営課題に焦点を当てつつ、コミュニティビジネスがその組織目的を継続的に達成すると同時に、その存在意義を担保するためにはガバナンスの確立が必要不可欠であることをステイクホルダー論に依拠して検討する。

4・1

コミュニティビジネスとガバナンス

1 | コミュニティビジネスの定義と課題

　コミュニティビジネスとは、第1講において詳述されているように、企業にも行政にも解決の難しいコミュニティの多様な社会的課題にビジネスの手法を用いて取り組む事業体の総称である。コミュニティビジネスには未だに明確な確立した定義があるとは言えないが、社会的経済🔢19などと同様に独自な組織範疇として類型化され定着化しつつある。

　日本のコミュニティビジネスは、NPO法人をはじめ、株式会社、合同会社（LLC）、有限責任事業組合（LLP）、各種協同組合（消費生活協同組合、企業組合、農事組合法人など）、公益法人、社会福祉法人、任意団体など、多様な法的組織形態（法人格）で活動しているが、市民が主体となって設立し、事業から得られた利益をコミュニティに還元するという基本理念で共通している。最近では、地域活性化・地域再生という視点から行政の関心も高く、経済産業省などによる特徴（定義）づけや具体的支援策も展開されている。コミュニティビジネスの事業主体には第3講でも論じられているように社会起業家と把握されるものもあり、また第2講で論じられているように社会的企業と位置づけることができる事業体も多く含まれている。

　しかし、日本ではコミュニティビジネスに関する明確な定義がないことに起因する問題も多い。第1に、コミュニティビジネスには様々な法的組織形態の事業体が包摂されているが、このことはコミュニティビジネスの多様性を表すと同時にコミュニティビジネスの目的に適合的な法人格がないという問題も提起している。例えばワーカーズ・コレクティブ🔢38などは、出資（資本）・経営・労働の三位一体型組織であることにその存在意義を求め、コミュニティのニーズを社会的課題と捉え、それをビジネスで解決しようとする非営利の事業体であるが、適合的な法人格はなく、現在も最適な法人格の制定を含めて法制化運動を展開している（ワーカーズ・コレクティブについては第5講でも紹介

されている)。

　第2に、「コミュニティ」あるいは「ビジネス」に関する概念が明確ではないことから生じる問題である(宮坂、2004)。コミュニティは地理的分類のみで把握できないことは言うまでもないが、コミュニティビジネスが「コミュニティにおける、コミュニティによる、コミュニティのためのビジネス」といわれる時、「コミュニティ」の主体としてどのようなステイクホルダーが想定されているのか。それによってコミュニティビジネスの組織目的も組織ガバナンスも当然変化する。また、コミュニティビジネスとして継続的な事業を行うことで、事業を行うことが第一義的な目的になり(コミュニティビジネスの商業化・企業化)、コミュニティのニーズを解決するという組織目的が軽視され、その結果として組織特性も損なわれてしまうという事例も少なくない。この点の判断・評価は非常に困難であるが、コミュニティビジネスには極めて重要な問題である。

2 ｜ コミュニティビジネスにおけるガバナンス

　コミュニティビジネスに関わるガバナンスの考え方や課題認識には様々なものがある。ガバナンスにはいくつかの類型がある[注1]が、本講では、コーポレート・ガバナンスや「組織ガバナンス」(坪郷、2006)により近い視点から、コミュニティビジネスの事業体ガバナンス(コミュニティビジネス・ガバナンス)にアプローチする。

　営利組織におけるコーポレート・ガバナンスにとって「企業(組織)は誰のものか」という認識が根本的課題であるのと同様に、コミュニティビジネス・ガバナンスにとっても「コミュニティビジネス(組織)は誰のものか」の認識が議論の前提として極めて重要である。すなわち、ガバナンスの主権者を明確化する必要があり、それによって社会的課題の解決方法(誰のニーズに応えるのか)、組織目的(経営課題)も変わり、マネジメントやガバナンスのあり方も変化する。

　営利組織を巡るコーポレート・ガバナンス論には、ガバナンスの主権者により大別して株主主権論とステイクホルダー論がある。コミュニティビジネスには、その活動に直接に関係する会員、ボランティア、理事、職員(事務局員)、

サービス利用者をはじめ、寄付者、行政、企業、学校、金融機関、専門家、中間支援組織（インターミディアリー）、一般市民など多数のステイクホルダーが存在し、またコミュニティビジネスはコミュニティの支持・受容・認知がなければ持続的に存続できない点では、コミュニティそのものもステイクホルダーとして存在する。コミュニティビジネス・ガバナンス論においては、コミュニティビジネスの存在意義そのものからして、このように多様なステイクホルダーとの共生を目的としたステイクホルダー論に立脚した考え方とシステムの構築が不可欠である。

本講では、コミュニティビジネスの発展という観点から、事例を通じてコミュニティビジネスの経営課題について考察する。コミュニティビジネスの経営課題の中でも、多様な組織形態で活動すると同時にミッション（組織目的＝コミュニティの課題の解決）の担保が不可欠の課題でもあるというコミュニティビジネスの特性を踏まえたコミュニティビジネス・ガバナンスのあり方を検討し、コミュニティビジネスがコミュニティビジネスとして存続・発展するための課題について提起したい。

4・2 コミュニティビジネスの経営課題

1 │ コミュニティビジネスの分類

コミュニティビジネスには明確な定義はないが、いわゆるコミュニティビジネスの先進事例と言える組織を分類すれば以下のような類型が考えられる。

A. 地理的分類
　①都市部活動型（例えば、大都市、政令指定都市など）
　②地方活動型（例えば、農漁村など）
　③ネットワーク型（地理的な制約のないもの）
B. 市場タイプおよび資金調達別分類
　①市場型コミュニティビジネス
　　（主に事業による資金調達、市場で営利組織と競合、ビジネス重視型）

②準市場型コミュニティビジネス

（主に政府の制度的な資金［介護保険料など］の活用、コミュニティとビジネスの折衷型）

③非市場型コミュニティビジネス

（主に政府資金・民間助成金などを活用、コミュニティのつながり・たすけあい重視型）

④中間支援型コミュニティビジネス

（主に政府資金・民間助成金・企業の寄付などを活用、コミュニティビジネス支援型）

C. 活動分野別分類[注2]

①地域資源[注3]活用型コミュニティビジネス

事例：(株)小川の庄、(株)いろどり、(有)ココ・ファーム・ワイナリー、(特活)銀座ミツバチプロジェクト、(企)ワーカーズ・コレクティブ凡

②環境型コミュニティビジネス

事例：(特活)アサザ基金、(株)自然エネルギー市民ファンド、(特活)川崎市民石けんプラント、(特活)グリーンバード

③福祉（高齢者介護、障害者支援、子育て支援）型コミュニティビジネス

事例：(特活)このゆびとーまれ、(特活)アビリティクラブたすけあい、(特活)流山ユー・アイ・ネット、(LLC)アミーゴプリュス、ワーカーズ・コレクティブ風、(株)サンフォーレ、(企)ひがしむら

④就業支援、弱者の社会的包摂型コミュニティビジネス

事例：(特活)さなぎ達、(特活)自立サポートセンター・もやい、(特活)わっぱの会、(特活)ふるさとの会

⑤その他（まちづくり、危機管理、文化・芸術・スポーツ、中間支援、など）

事例：(特活)フュージョン長池、(株)アモールトーワ、(特活)川越蔵の会、(特活)コミュニティ・ビジネス・サポートセンター、(特活)NPO事業サポートセンター

　以下では、様々な制度や税制との関連で、組織目的（ミッション）と法的組織形態（法人格）との間において困難に直面することが多い福祉型コミュニテ

ィビジネス（活動分野別分類でいえば③）の事例を紹介し、その経営課題を探る。

2 │ 福祉分野におけるコミュニティビジネスの事例と特徴

事例 4・1 地域密着・たすけあい、ネットワーク型介護
　　　　　― 特定非営利活動法人アビリティクラブたすけあい

　「アビリティクラブたすけあい」（以下、ACT）は、1992年に「ACTたすけあいワーカーズ」5団体とともに連携するネットワーク組織として発足し、介護保険制度が制定された2000年に多くの「たすけあいワーカーズ」とともにNPO法人格を取得すると同時に、指定居宅介護支援事業所を開設し介護保険事業にも参入して事業活動を展開するワーカーズ・コレクティブであり、コミュニティビジネスとも言える。ACTは、2009年3月現在、33団体が連携するネットワーク組織として、会員数約7200人（介護サービス提供活動などに従事する会員数約1400人、サービス利用者約3000人、理念・活動に賛同する会費納入者約2800人）を擁している。

　ACTとネットワークを形成する「たすけあいワーカーズ」は、各団体が所属する地域（自治体）においてACTの理念に賛同する会員とともにたすけあい活動を実践している。各「たすけあいワーカーズ」における課題はそれぞれの地域によって異なり、その活動にも働き方にも提供されるサービスにも独自性の発揮が求められ、必要に応じて地域のNPOや行政などと協働しながら組織目的の達成に取り組むことが求められるが、このような場合にネットワーク組織としてのACTをとおして情報共有が行われサービスの質の平準化が図られている。

　ACTはワーカーズ・コレクティブの価値と原則の実践に意識的に取り組む組織であり、NPO法人格取得後も、非営利性だけでなく、ワーカーズ・コレクティブとして民主性（1人1票制、1ヶ月に1回の各「たすけあいワーカーズ」の代表者による全体会議の開催、会員の発言機会の確保）、自主性（活動や会議への自主的な参加）、自律性（少額短期保険事業および介護事業による資金調達）、連帯（相互扶助・たすけあい）などを担保する組織であることを重視した事業活動を展開している。また、NPO法人の役員も各「たすけ

あいワーカーズ」に所属し組合員として現場における活動に参加している点、小規模ではあっても多数のワーカーズ・コレクティブと政策提言のネットワークで連携している点、事業活動に必要な経営諸資源の共有を図っている点、などに大きな特徴がある。

事例4・2 地域密着介護 ― 企業組合ひがしむら

　企業組合「ひがしむら」は、長野県上伊那郡箕輪地域を拠点として「心のある介護と家族への細かな情報提供」を経営理念に介護福祉事業を展開する宅老所である。創業の契機は、同じ介護の職場に勤務していた3名の大規模な介護施設では実現困難な利用者一人ひとりに対するきめ細かなサービスを提供したいという共通の想いであり、またアクセク働くのではなく、例えば腰痛で長時間労働がきつい人には短時間労働をというように、働く人の状況に合ったゆとりのある働き方を重視したいという想いにあった。3名は身内の看護師や地元の知人などに呼びかけ、6～7名の賛同者を集めて1993年に事業を開始した。

　企業組合の組合員であるなしに関わらず、当団体の活動に関わる人は給料も単価も職種に応じてすべて平等である。介護事業は介護者同士の連携が非常に重要であるために、当団体では、月2回の全体会を開催し、全員で月の行事を決定している。また、利用者一人ひとりに関するカンファレンスを行うことで関係者との連絡を密にし、情報共有に努めている。全体会は基本的に全員参加であり、参加できなかった場合は議事ノートによって情報を共有している。組合員や従業員の親睦を深めるために親睦団体（けやき会、会費500円）をつくり、忘年会や新年会、利用者・地域のボランティアも含めた年1回の親睦旅行を行っている。

事例4・3 障害のある人とともに働くカフェ ― ワーカーズ・コレクティブ「風」

　ワーカーズ・コレクティブ「風」は多摩市の公民館で喫茶事業およびチラシ配りや清掃などの受託事業を実施している。1998年に多摩市の公民館に併設されたカフェの一般公募に応募・選定され、1999年に任意団体として設立された。もともとNPO法人ACT「たすけあいワーカーズつむぎ（多摩市）」

から派生した団体である。「つむぎ」は、「自立援助サービス」と「障害のある人とともに働く」という2本柱で介護事業を行っている。当団体は「つむぎ」の「障害のある人とともに働く」という事業が喫茶事業として独立したものである。

　組合員は24名、組合員の年齢は20〜60代後半と様々で、そのうち7名は障害者（知的障害者3名、精神障害者4名）である。その人員構成から明らかなように、「ハンディがあってもなくてもともに働くワーカーズ」という組織理念を実現している。障害者も組合員として1人10万円を出資し、運営委員として経営に携わり、労働にも従事している。当団体では組合員を障害や能力の有無によって差別しないことが重視され、すべての組合員は同一賃金（時給500円）で働いている。NPO法人格の取得も検討されたが、法人格を取得する場合には、理事を3名以上設置しなければならないという条件から、雇用・被雇用の関係が生まれることを懸念して、現在も任意団体のままで活動している。年間事業高は約1200万円である。組合員の不足や高齢化、障害者の仕事の確保の難しさなど課題も多いが、地元のボランティアも受け入れ、地域に開かれた組織としてその事業や働き方は浸透してきている。

　3つの事業体は、非営利目的（非経済的動機）でコミュニティにおける福祉問題の解決に取り組むコミュニティビジネスの事例であり、政府や企業にはできない、人と人のつながり、顔の見える関係を重視したきめ細かいサービスを提供している。すなわち、コミュニティビジネスはソーシャルキャピタル ➕24 (社会関係資本)の形成に大きな役割を果たしていると言える。ソーシャルキャピタルは目に見えない市場にはのらない資本ではあるが、質の高いサービス提供の原動力につながり、信頼感・安心感は日常的業務におけるコスト削減の役割も果たしているため、コミュニティビジネスが創造するソーシャルキャピタルの価値を貨幣価値と同様に評価することが必要である。

　また3つの事例に共通している特徴は、積極的にゆとりのある多様な働き方の実現に取り組んでいる点である。アビリティクラブたすけあい ➡事例4・1 ではネットワークを形成する33団体が、労働者の生活に合わせたワーク・ライフ・バランス ➕39 に配慮した働き方を団体ごとに提案し、日常的にそれぞれの働き

方を決定する会議等への参加を促している。ひがしむら⊃事例4・2 も個人の事情に合わせて、肉体的・精神的負担の少ない働き方を提案している。ワーカーズ・コレクティブ「風」⊃事例4・3 では、障害のあるなしに関わらず、労働者全員が出資をして同一賃金で働いている。3つの事例は、出資や会費による資金提供という差はあっても、労働者が平等に出資を行い（労働者によるコミュニティビジネスの所有）、意思決定における1人1票制を堅持し、事業活動を行っている。そして単なる出資による組織所有にとどまらず、会議などへの積極的参加の促進によって、労働者一人ひとりが組織を経営しているという自覚を持っている。

3 コミュニティビジネスの経営課題とガバナンス

❶コミュニティビジネスの法的組織形態とその問題点

　コミュニティビジネスには、すでに述べたように、株式会社、有限会社、LLC、LLP、協同組合（特に企業組合）、公益法人、社会福祉法人、NPO法人、任意団体、といった多様な法人格で活動する組織が含まれる。その中でも多くのコミュニティビジネスが取得している、①NPO法人、②企業組合、③株式会社の法人格の特徴は表4・1の通りである。公益法人制度の大幅な改定（2008年）により、今後は一般社団・財団法人等を取得するコミュニティビジネスが増える可能性がある。また、（新）会社法に基づく非営利型株式会社（小松、2008）も増加するだろう。

　コミュニティビジネスが多様な法的組織形態を採用する背景には、すでに指摘した通り、コミュニティビジネスとは何かについて多様な理解がある。3事例はいずれもコミュニティビジネスにおける所有という観点を重視しているが、介護保険制度に参入するためには地方公共団体から法人格の取得を求められる場合が多く、アビリティクラブたすけあい⊃事例4・1ではNPO法人、ひがしむら⊃事例4・2では企業組合を「苦渋の決断」として選択・取得している。したがって、そのような法人化が様々な困難を孕んでいることも否定できない。企業組合の場合、組合員の出資額は異なっても、総会における意思決定は1人1票制に基づき各人が平等であり、出資と経営は一定の条件（事業従事者でない人の数は制限されている）のもとで一体化されている。しかし、企業組合は地域貢献等を組織目的とする非営利事業体を対象とした法人格としては積極的に位置づけ

表 4・1　コミュニティビジネスが事業体として取得する法制度の特徴

	①NPO法人	②企業組合	③株式会社
根拠法	特定非営利活動促進法	中小企業等協同組合法	会社法
目的	不特定多数の利益の増進	組合員の相互扶助	利潤の追求
設立主義	認証主義	認可主義	準則主義
監督	法令等違反の疑いがある場合	いつでも立ち入り検査	原則なし
資本の制限	なし	1組合員の出資限度額は25％以下	1円以上
収益事業に課税される法人税率	普通税率（30％、ただし年間所得800万円未満は22％）	軽減税率（22％）	普通税率（30％、ただし年間所得800万円未満は22％）
出資者の責任	無限責任	無限責任	有限責任
配当	不可	従事分量配当及び2割までの出資配当可	出資配当可
残余財産の分配	NPO法人や国・地方公共団体等	可	可
営利／非営利	非営利	営利	営利
メリット	・税減免などの可能性	・出資可能 ・一部非課税等の優遇措置	・出資可能 ・事業収益の分配 ・一定要件を満たせば非営利株式会社も設立可能
デメリット	・設立手続きが煩雑・長期（4〜6ヶ月）にわたる ・10名の社員が必要 ・出資ができない	・設立手続きが煩雑 ・知名度が低い ・積極的に非営利とは認められていない	・営利である

られていないし、その設立には所轄庁の認可が必要であり、しかもその取得は必ずしも容易ではない。そのために株式会社は当然のこと、企業組合もコミュニティビジネスの組織目的（非営利性）とは必ずしも合致するものではないことが指摘されている。他方、NPO法人の場合、認証主義であり法人格の取得は比較的容易ではあるが、出資が認められないために、事業資金の提供と経営を制度的に一体化することができず、理事と会員との関係は雇用・被雇用の関係になる恐れがある。そのために、非営利目的の事業体として、雇用・被雇用の関係になることを回避したいワーカーズ・コレクティブ「風」 ➡事例4・3では、法人格を取得せず、任意団体のままで活動を続けている。しかし、任意団体での活動の継続には資金調達など経営に関する困難な問題も少なくない。

❷コミュニティビジネスの経営課題

　コミュニティビジネスはその活動分野により組織目的も異なり、取得する法人格によって資金調達の方法や労働対価も異なり、したがってガバナンスのあり方も異なる。しかし、コミュニティビジネスにおいても、その活動分野や法人格の如何に関わらず、営利組織同様に組織の効率性や収益性は確保されなければならず、経営諸資源の有効活用も追求されなければならない。事業に必要な資金を確実に調達し、労働対価を保証し、よりよい働き場所を確保する必要もある。すなわち、当初から収益の確保が困難な活動分野でコミュニティの課題を解決しようとする非市場型コミュニティビジネスや任意団体で活動するコミュニティビジネスであっても、コミュニティのニーズを実現し継続的に事業活動を行うためには、その活動に必要な最低限の収益確保が不可欠であり、必要な資金の調達が大きな課題となる。

　反対に、市場型・準市場型のコミュニティビジネス、あるいは株式会社など営利の法人格で活動するコミュニティビジネスの場合には、営利組織への転化（営利組織への同形化）を防ぐために組織目的の維持や事業活動とミッションとの乖離の防止が課題となる。すなわち、コミュニティビジネスが効率的に事業活動を展開し収益性を確保できたとしても、その組織目的（社会的課題の解決）から逸脱し、多様なステイクホルダーの期待に応えることができなければ、それはもはやコミュニティビジネスとは言えないであろう。

　コミュニティビジネスにおいても組織目的の達成が組織の維持・存続の絶対条件である。コミュニティビジネスにとっては、コミュニティのニーズの実現やコミュニティへの利益還元が第一義的課題であり、ある種の社会的使命に共感し結集した市民の組織体として持つ組織特性（自発性、連帯・相互扶助、民主主義など）を維持・強化することがその存続・発展の前提条件となる。この点において、コミュニティビジネスでは、組織目的や組織特性を担保するガバナンス・システムの構築が、そのマネジメントの基本問題として最優先されるべき課題である。

4·3
コミュニティビジネス・ガバナンスのあり方

1 │ コミュニティビジネス・ガバナンスの課題

　営利組織をめぐるガバナンス論においても、法的所有主体である出資者（株式会社では株主）のためだけのガバナンス議論（例えば、株主主権論）ではなく、従業員、消費者、取引業者、地域社会など多様なステイクホルダーとの利害調整を踏まえた議論(ステイクホルダー論)が大きく注目されてきている。すなわち営利組織でも、その存在意義が社会的に承認・支持されなければ継続的な事業活動は困難な時代になってきていることの表れであり、ガバナンスではステイクホルダー間の利害調整が図られ、企業経営の正当性が社会に承認される必要がある。このような正当性の条件として、①経済性と収益性、②適法性と倫理性、③透明性と社会性（多様な価値観を持つ人々との関係をオープンにすること）などが指摘されている（「よくわかる現代経営」編集委員会編、2004）。営利組織について指摘されるこのような正当性の条件はコミュニティビジネスにも共通するものである。

　コミュニティビジネスは、定義が明確ではなく法人格も多様であり、したがって所有のあり方も多様である。例えば、理事長のコミュニティにおける課題解決という強いミッションに応じて資金提供が行われ設立・運営される組織もあれば、会員の会費を中心に運営されている組織、国や都道府県からの受託費や介護保険料を基盤としている組織、個人からの寄付や企業・財団などからの助成金で運営されている組織もある（立岡・渡辺編著、2000）。このような資金調達の多様性という現実はあるが、その存在意義がコミュニティにおける社会的課題の解決にあるコミュニティビジネスの場合には、資金調達や所有面における多様性に関わらず、コミュニティにおける多様なステイクホルダー（マルチステイクホルダー）の存在を前提にした、多様に存在するステイクホルダーを主権者と位置づけるガバナンスの考え方と、それを具体化するガバナンス・システムの構築が不可欠であると言える。

コミュニティビジネスのガバナンスは、その経営に主体的に参加し積極的に関与する、会員、ボランティア、理事、職員（事務局員）など組織内部のステイクホルダーによる内部ステイクホルダー・ガバナンス（以下、内部ガバナンス）と、コミュニティビジネスの経営に間接的に関係するステイクホルダーである財やサービスの利用者（消費者）、コミュニティ（地域住民）、資金提供者・寄付者、行政、企業、金融機関、専門的経営アドバイサー、中間支援組織（インターミディアリー）などによる外部ステイクホルダー・ガバナンス（以下、外部ガバナンス）に大別することができる。

ガバナンスとは、その事業が組織本来の目的と適合的に経営されているかどうかをチェックし、本来の目的から逸脱しないように統制することである。コミュニティビジネス・ガバナンスでは、コミュニティの課題の解決という複合的な組織目的を達成できているか、営利目的に転換していないかをチェック・統制することが基本的な課題である。コミュニティビジネス・ガバナンスの特徴は、このような基本的課題に組織の内外に存在するマルチステイクホルダーの利害を調整しながら、その連帯や協同を重視すること、とりわけ経営的意思決定においては民主的組織運営という組織価値を担保することが組織の存在意義として求められている点にある。

❶外部ステイクホルダー・ガバナンス

非営利組織は図4・1のように資金提供者に対して必ずしも利益を還元する必要がなく、第三者であるコミュニティなどに利益を還元する「自己完結しないシステム」であると言われる。コミュニティビジネスも同様に把握できる側面

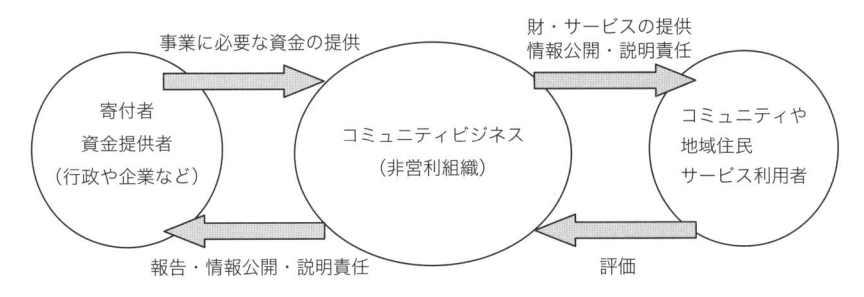

図4・1　非営利組織と外部ステイクホルダーの関係(出典：川口清史他編(2005)より作成)

を持つとすれば、その事業に必要な資金提供者と財・サービスの受益者の双方から社会的な支持・支援(社会的受容と社会的認知)が獲得できなければ経済的にも社会的にも存立・存続できないであろう。すなわち、外的ガバナンスの関係者が二重に存在し、このような両者の社会的な支持・支援を獲得するためには、その組織目的が双方から社会的に受容されること、またその存在の社会的意義が多くのステイクホルダーに認知されることが必要であり、社会から信頼される組織であることを担保するガバナンス・システムの確立が必要となる。

このようなコミュニティビジネスの外部ガバナンスの確立には、組織の事業経営に関する徹底した情報公開と情報の非対称性にも配慮したアカウンタビリティ(説明責任)が不可欠である。質の高いアカウンタビリティは、組織の信頼性向上にもつながる。アカウンタビリティは、社会監査(Social Audit:経済的側面だけではなく社会的側面を重視した評価項目を入れた監査)や社会会計(Social Accounting)(Pestoff、1998:ペストフ、2000)にも不可欠である。利用者評価、市民・地域住民による評価、第三者機関評価、政策評価、企業や財団による評価等の外部評価も重要である。コミュニティビジネスは、企業や行政といったステイクホルダーと資金調達面において協働することが多く、しかも独立性を担保することも必要であるため、時には行政や政府に対して政策面に関するアドボカシー➕06活動を行う必要もあろう。

❷内部ステイクホルダー・ガバナンス

コミュニティビジネスにとって内部ガバナンスは営利組織以上に重要な役割を担うものである。例えば、すでに紹介したアビリティクラブたすけあい➡事例4・1の内部ガバナンスは図4・2のように表わすことができる。コミュニティビジネスにおいては、理事などの役員が現場における活動内容を知らない場合も少なくないが、アビリティクラブたすけあいでは、会員の中から選出された理事も一会員として事業別執行機関における活動に積極的に参加することによって、現場で生じる介護等の問題をめぐる利用者ニーズを組織運営に反映させている。

コミュニティビジネスにおける内部ガバナンスの最大の課題は、組織内ステイクホルダーである組織構成員全員が主体性をもって活動に参加し、組織における連帯や協同を重視し、民主的な組織運営を行うというコミュニティビジネ

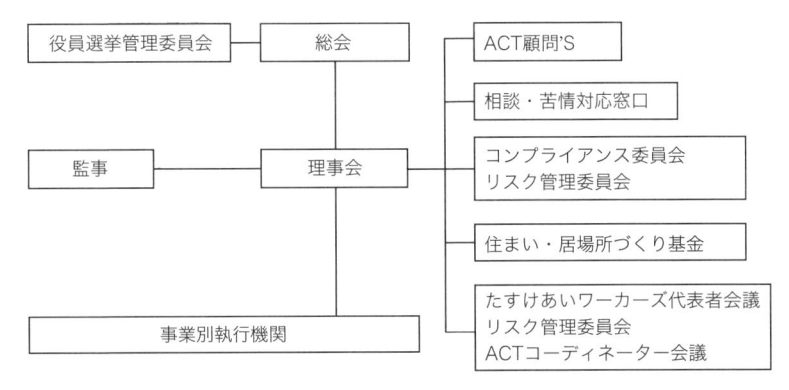

図4・2　NPO法人アビリティクラブたすけあいの内部ガバナンス図　(出典：「NPO法人アビリティクラブたすけあい第11回総会議案書」2009年)

スの組織特性を担保することである。そのためには、情報公開やアカウンタビリティに基礎づけられた組織民主主義の実現が不可欠である。資本結合体である営利組織と比較して、本来的に組織特性に共感し参加した市民の人的結合体である非営利のコミュニティビジネスは、組織民主主義が実現可能な組織である。マルチステイクホルダーの代表者も参加する民主的な理事会構成の実現、組織の各階層・各部門における参加的意思決定システムの構築などは、コミュニティビジネスの組織目的と組織特性を担保するガバナンス・システムの構成要素として最低限保証されるべきことであろう。また、コミュニティビジネスなどの非営利組織では、理事と事務局長が兼任される場合が多いが、理事会(代表機関・執行機関)と事務局(事務執行機関)の役割を分離しお互いを監視する必要もある。そのためには、組織の活動をチェックする自己評価・内部監査が欠かせないし、倫理綱領や行動規範の制定による監査システムの構築等も必要である(宮坂、2004)。

❸コミュニティビジネス・ガバナンスと所有主体

　コミュニティビジネスの組織目的である社会的課題の解決には、組織の継続性が重要であり、そのためには事業活動の前提として、優秀な人材や後継者の確保が必要かつ不可欠となる。コミュニティビジネス(非営利組織)では、ミッションの達成という組織目的の遂行が最も重視されるために、働く人々(理

事、職員、ボランティアなど）は無償労働を強いられることも多く、労働環境を整えるという視点が欠落する危険性があることが指摘されている（中山・橋本編著、2006）。他の分野のコミュニティビジネスでも同様であるが、福祉系のコミュニティビジネスのようにヒューマンサービスの提供を主軸とする場合は特に、労働対価の保障、労働環境の整備、労働者の経営への参加という視点が軽視されてはならない。

　コミュニティビジネスにおいてはコミュニティという概念が上位概念である（宮坂、2004）。コミュニティのためのビジネスであることをガバナンスの観点から実現するには、所有自体のあり方を再考することが、営利組織との境界線を明確化することになろう（例えば、コミュニティビジネスを株式会社で運営する場合には、1人1票制にしたりコミュニティや地域住民の出資が過半数以上であることを実現させること、コミュニティビジネスをNPO法人で運営する場合には、コミュニティや地域住民にも議決権を付与し、社員総会や定例会議にも積極的に参加できるようにするなど）。

　そもそも、イギリスにおける本来のコミュニティビジネスは、EUで展開される社会的経済の一形態（協同組合）であると理解されている。イギリスにおけるコミュニティビジネスとは、地域コミュニティにおいて活動を展開するビジネス、地域に必要な財・サービスの提供を行うビジネス、地域住民が所有し、地域に利益が還元されるビジネスであり、所有者である地域住民（会員）は1人1票の権利を有し、会員が事業を運営する運営委員会の委員長を選定し、会員に対する利益の分配は行われず、利益は地域全体の福祉に還元される、と特徴づけられている[注4]。日本のコミュニティビジネスも、コミュニティや外部ステイクホルダーなども所有主体とする参加型意思決定システムが具現できるガバナンスを模索する必要があろう。

2 ｜コミュニティビジネスの発展に向けて

　コミュニティビジネスにおいてもガバナンスに注目し、営利組織のガバナンスの正当性に求められる条件を充足することが、組織の信頼性を高め、持続的な組織発展の基礎となるだろう。各事例にみられた特徴・組織特性を活かし、経営課題を解決するためにもガバナンスの果たす役割は大きい。

日本のコミュニティビジネスには、地域を活性化させ、雇用を創出する機能が期待されているが、その成果を単に数値で測るのではなく、コミュニティビジネスに関わる人が意義のある労働をしているのか、さらには労働や雇用を考えることに加えて、生活すること・生きることをどのように考えているのか、といったことを評価していくことも重要であろう。コミュニティの課題解決という目標達成に継続的に取り組むためにも、生活の視点、労働の視点、所有の視点、組織への参加の視点を踏まえたコミュニティビジネス・ガバナンスを取り入れることにより、コミュニティビジネスは社会との共生の中で広く大きく発展していくものと考えられる。

≫設問≪
1) コミュニティビジネスを設立する時、あなたはどのような法人格を取得しますか？　その法人格を取得した場合のメリットおよびデメリットをまとめましょう。
2) コミュニティビジネス・ガバナンスでも、営利組織と同様に情報公開やアカウンタビリティが求められます。それらはなぜ必要なのかを考えてみましょう。

第 5 講

コミュニティビジネスにおける協同組合の可能性

志波早苗

＊

本講では、消費生活協同組合（以下、生協）を中心にして、協同組合の特性とその資源、事業ボリュームに注目し、コミュニティビジネスを行う上での優位性を考察します。また、行政や民間企業と比較して、力の小さい非営利組織を支え、暮らしの課題を市民自ら解決するために必要な市民のための市民の資本を形成できる可能性を事例に基づいて述べます。

5・1
協同組合とは何か？　歴史と今日的価値

1 │ 協同組合が現代的に求められている

1995年阪神・淡路大震災での被災者支援で果たされた役割の大きさにより、我が国のボランティア活動は市民権を得た。その機運が、1998年の特定非営利活動促進法🞧33施行につながり、多くの市民活動がNPO法人に移行していった。NPO法人はにわかに脚光を浴び、市民活動やコミュニティビジネスはNPOが主流になった。協同組合はそうした活動や事業から忘れられた感がある。

我が国の協同組合、農協（農業協同組合）や生協などは巨大な組織となっており、環境・福祉・食育など様々な取り組みも行っている。しかし、一部を除き、その事業高と比較して、市民活動やコミュニティビジネスにおける協同組合の印象はどうも薄い。

しかし、協同組合はもともと日常的な暮らしの中で助け合うために生み出された相互扶助組織である。日本は今、これまでにない環境変化の中で、経済・社会の構造変革を迫られている。終身雇用を前提とした日本型福祉社会の崩壊、2008年10月の未曾有の金融危機に端を発した経済環境の激変など、生活不安を訴える人や生活苦にあえぐ人は増加の一途である。生きる上で必要不可欠でありながら衰退している第1次産業における雇用と就業、超高齢社会[注1]で必要不可欠な、福祉という人的サービス産業をどう持続可能なものにしていくか、そこにこそ内需型・地域循環型産業としてのコミュニティビジネスの必要性がある。利潤を生みにくいそうした産業にこそ、協同組合の出番がある。

2 │ 協同組合の歴史

❶産業革命と協同組合

産業革命すなわち産業社会化、工業化は18世紀半ばから19世紀にかけてヨーロッパ全体に広がった。その資本主義初期における労働者階級の生活は非常に悲惨であった。資本家が圧倒的に強く、労働者は低賃金で長時間労働、失業

の不安がいつもあった。消費生活の上でも低賃金なので現金買いができない「借金奴隷」のような存在だったと言う。こうした労働者相手の商人は、商品の量目をごましたり、粗悪品を販売したりするのは日常茶飯事で、コストを下げて儲けるために、有害な添加物を食品に混ぜることも横行していた。また、ロンドンなどの大都市の救貧施設から集団で紡績工場に送り込まれた子供たちの悲惨さは有名で、豚との餌をめぐる争奪、ごみ場あさりと草の根まで食べたという記録もある。

19世紀前半に登場したイギリスのロバート・オーエンは、そうした過酷な状態にあった幼少者の労働をやめ、その教育に心を砕き、労働者の労働条件の改善を目指し、自らの工場で実践し、「工場法」の制定を提案した。また、アメリカに渡りインディアナ州に私財を投じて、生産も消費も協同で行う共同体の実現を目指して「ニューハーモニー村」を造った。その試みは結局うまくいかなかったが、彼の様々な実績は高く評価され、その思想は受け継がれた。

1844年、イギリスのマンチェスターに近いランカシャー地方ロッチデールで、28人の職工が1人1ポンドの出資をして小さな協同組合店舗をつくり、日用品購入事業を始めた。「ロッチデール公正開拓者組合」である。同組合は、オーエンの思想を受け継ぎながらも、事業が破綻しないような組織づくり、運営のルールづくりを行った。それは「ロッチデール原則」と呼ばれたもので、①出資高ではなく、一組合員は一票の議決権を有するという民主主義の原則、②加入脱退の自由（開かれた組合員制）、③出資配当の制限、④利用高に応じた割戻、⑤現金取引、⑥偽物・混ぜ物のない純正な商品の販売などであり、今日の「協同組合原則」のもとになった。経営破綻する協同組合が多い中、同組合は、次第に発展をとげ、近代的な協同組合モデルと呼ばれるに至った。とりわけ、日本の協同組合運動に大きな影響を与えている。

1895年には14カ国が参加し、協同組合の国際組織である「国際協同組合同盟（以下、ICA）」[注2]を発足させた。ICAは2度の世界大戦を乗り越え、2006年4月現在91カ国222組織、約8億人が参加する世界最大のNGOであり、国際赤十字につぐ歴史ある組織となった。

❷日本における歴史と特徴

　日本の生協はロッチデール公正開拓者組合からの影響を受け、1879年、明治維新後、西南戦争直後の近代国家揺籃期のオピニオンリーダーが活躍した時代に、東京・大阪・神戸などで始まった。加入者には知識層、富裕層が多かった。しかし、時代的な限界があり数年で消滅した。その後明治政府は富国強兵と殖産興業で近代化を図った。日清戦争前後の労働需要から労働問題や労働運動が活発に起り、鉄工組合を基礎とした共済活動が行われ、生協の前身となる協働店が1898年～1899年に15組織ほど各地でつくられた。しかし、高まりを見せた労働運動は、1900年「治安警察法」の制定で事実上禁止されていった。一方貧窮にあえぐ農村救済のために同年、日本で最初の協同組合法「産業組合法」も制定された。しかし同法は近代的な市民の自発性に基づく運動の結果ではなく、伝統的な農村集落を利用した、国策としての協同組合の育成であり、集落の組織化だった。その後同様に漁業法、改正森林法も制定され、「漁業組合」「森林組合」が発足した。

　1918年第1次大戦後の大正デモクラシーの昂揚の中で、都市の労働者や市民による消費組合運動・労働者消費組合運動が盛んになり、「新興消費組合」が次々と設立された。家庭購買組合（1919年、吉野作造）、神戸消費組合、灘購買組合（1921年、賀川豊彦[注3]）が有名で、後者は後に合併し「コープこうべ」となった。

　しかし1929年の世界恐慌を機に日本にファシズムが台頭し、1939年に第2次世界大戦が勃発した。国家総動員体制下で、協同組合は国家の単なる統制機関にされた。大正デモクラシーで誕生した新興消費組合は、戦時下での経済的な締め付けと治安維持法による政治的弾圧から、1943年にはほぼ活動の停止状態に陥った。

　1945年第2次世界大戦が終わると、戦後民主主義の機運の中で協同組合は次々と復活した。戦前の苦い経験を踏まえ、「協同組合が健全に発達するには何より平和が大切である」と認識された。戦後の食料難時代には町内会組織での買出し組合が雨後の筍のように創られた。協同組合の再建は、賀川豊彦らが精力的に行い、1948年に消費生活協同組合法が制定された。しかし一方、日本では協同組合法は業種ごとに制定され、監督官庁が異なる。そのため、協同組

合同士で力を結集しがたく、また協同出資・協同労働を行う協同組合には根拠法がないため、ワーカーズ・コレクティブなどは長らく根拠法の制定運動を行っている。

3 ｜協同組合の特徴

❶協同組合の位置

　協同組合は、株式会社のように利潤追求を第一義としない非営利型の組織である。しかし、一定の制限はあるが出資や利用に応じて出資配当や利用割戻を組合員に対して行えるところが、NPO法人とは異なる。また、NPO法人は株式会社と同じように不特定多数にサービスの提供を行うが、協同組合は基本的に組合員に対してサービスの提供を行う共益型のシステムである。しかし、協同組合への参加や脱退は自由であり、出資金さえ出せば、誰でも組合員になれる開かれたメンバーシップの組織で、国際的に定められた定義と価値、原則により、共益ではあっても他者（組合員以外）に対しても配慮を行う組織でもある。

❷協同組合の定義と価値

　協同組合には、1995年のICA100周年記念大会で、21世紀のあり方に向けて採択した定義がある（表5・1）。協同組合人―協同組合に携わる人々は、この定義と価値に従って活動を行うことを旨としている。

　協同組合の今日的な価値は、国際労働機構（以下、ILO）の2つの勧告で表現される。

　1966年ILOは、世界がグローバル化する中で生じた南北問題を解決する一つの手段として、協同組合の必要性を勧告した。発展途上国のみを対象とし、国民の生活水準向上のためには、様々な協同組合が発達することが必要であるとした。当時の発展途上国で、従属を強いられる女性の社会的地位の向上や、大地主や外資によるプランテーション型農業で搾取される零細農民（多くは自活できる土地を持たない）の生活防衛や自立・向上を如何にするかは、南北格差を縮める上の課題であった。マイクロクレジット ➕37 の利用と協同組合の仕組みが広く活用された。特に、伝統的な手工芸品、コーヒー、チョコレート、バナナなど、フェアトレード ➕35 分野で多くの事例がある。

表 5・1　協同組合のアイデンティティ

「定義」
　協同組合は、共同で所有し民主的に管理する事業体を通じ、共通の経済的・社会的・文化的ニーズと願いを満たすために自発的に手を結んだ人々の自治的な組織である。

「価値」
　協同組合は、自助、自己責任、民主主義、平等、公正、そして連帯の価値を基礎とする。それぞれの創設者の伝統を受け継ぎ、協同組合の組合員は、正直、公開、社会的責任、そして他人への配慮という倫理的価値を信条とする。

「原則」
　協同組合原則は、協同組合がその価値を実践に移すための指針である。

(第1原則) 自発的で開かれた組合員制
　協同組合は、自発的な組織である。協同組合は、性別による、あるいは社会的・人種的・政治的・宗教的な差別を行わない。協同組合は、そのサービスを利用することができ、組合員としての責任を受け入れる意志のあるすべての人々に対して開かれている。

(第2原則) 組合員による民主的管理
　協同組合は、その組合員により管理される民主的な組織である。組合員はその政策決定、意志決定に積極的に参加する。選出された代表として活動する男女は、組合員に責任を負う。単位協同組合では、組合員は（1人1票という）平等の議決権をもっている。他の段階の協同組合も、民主的方法によって組織される。

(第3原則) 組合員の経済的参加
　組合員は、協同組合の資本に公平に拠出し、それを民主的に管理する。その資本の少なくとも一部は通常協同組合の共同の財産とする。組合員は、組合員として払い込んだ出資金に対して、配当がある場合でも通常制限された率で受け取る。組合員は、剰余金を次の目的の何れか、またはすべてのために配分する。
・準備金を積み立てることにより、協同組合の発展のため、その準備金の少なくとも一部は分割不可能なものとする
・協同組合の利用高に応じた組合員への還元のため
・組合員の承認により他の活動を支援するため

(第4原則) 自治と自立
　協同組合は、組合員が管理する自治的な自助組織である。協同組合は、政府を含む他の組織と取り決めを行ったり、外部から資本を調達する際には、組合員による民主的管理を保証し、協同組合の自主性を保持する条件において行う。

(第5原則) 教育、訓練および広報
　協同組合は、組合員、選出された代表、マネジャー、職員がその発展に効果的に貢献できるように、教育訓練を実施する。協同組合は、一般の人々、特に若い人々やオピニオンリーダーに、協同組合運動の特質と利点について知らせる。

(第6原則) 協同組合間協同
　協同組合は、ローカル、ナショナル、リージョナル、インターナショナルな組織を通じて協同することにより、組合員に最も効果的にサービスを提供し、協同組合運動を強化する。

(第7原則) コミュニティへの関与
　協同組合は、組合員によって承認された政策を通じてコミュニティの持続可能な発展のために活動する。

出所：日本生活協同組合連合会のホームページ

協同組合は、非力な人たちがお金を出し合い、自らコントロールできる元手（市民資本）を作り、一人では難しい販路の拡大や品質の向上などを協力して行う中で徐々に力をつけ、大資本に対抗できる経済活動を生み出すこともできる有効な仕組みなのである。

　ILOはその後、協同組合は全世界的に適用されるものとして、2002年に新しい勧告を採択した。社会的、経済的、文化的に虐げられることのない人間らしい働き方「ディーセントワーク」には、協同組合が適しており、ありとあらゆる分野でその仕組みを使うことが可能であるとされた。特に効率性を最優先する資本主義下では、先進国でも社会的に阻害されるもの、排除される弱者が必ず発生する。効率的に働けない障害者、介護や育児を担う人、何らかの理由で職業訓練を受けることができなかった人、外国籍であるなど、様々な要因で公平な機会の得られない人にとって、正業を得るのはなかなか難しい。そうした弱者を再度社会の中に組み込んでいくには、自助型の相互扶助組織である協同組合は適していると言えるのではないか。かつ、協同組合型労働は自分たちで働き方をコントロールできるシステムでもある。

5・2
運動を事業に、事業を運動に

1 ｜ 地域生協づくりと消費者運動

　現在私たちがよく知っている生協が登場したのは、1960年代後半〜1970年代にかけてである。

　1960年池田内閣による所得倍増計画[22]から重化学工業と第3次産業が進展し、右肩上がりの経済成長の中、アメリカ型の大量生産・大量消費がもてはやされた。そのひずみが公害である。また、食品加工技術の進歩で出始めた加工食品の添加物汚染も問題になった。

　1965年全国大学生協連合会では、「地域生協づくりを支持・援助する」ことが総会で決議された。一方で、世界には東西冷戦やベトナム戦争があり、戦後民主主義で育った世代が社会の変革を求めて、大学を中心にして安保闘争や大

学紛争を起こした。そうした闘争後行き場のなくなった学生たちも「社会変革は日常的な生活にある」と地域へ軸足を移し、食べていくための職も求めて地域生協づくりに励んだ。

　この時出会ったのが、子育て中の団塊世代の母親たちである。男女雇用機会均等法施行以前、女性の進学率は都市部で徐々に上がり始めていたが、高学歴の女性たちの就職先は少なく、多くは専業主婦となった。働きたくても働く場のないこうした高学歴の彼女たちは豊富なエネルギーを地域生協づくりに投入した。彼らの多くが居住するニュータウンでは、まだまだ社会的なインフラ整備も進んでなかった。バス便誘致などの住民運動も盛んに起こった。住民運動と地域生協づくりは重なり、主婦層が担った生協運動は質量ともにこれまでにない発展を遂げた。団塊世代の子育て家族の旺盛な購買力も生協事業を飛躍的に伸長させた。

　飛躍的に伸長させた最大の要件は、日本独特の事業システムである無店舗型の共同購入が業態として成立したことにある。共同購入は、多くは10人〜20人の組合員で「班」を作った。班は、荷受けの基礎単位であるとともに、生協の方針や運動を議論し決定する最前線の組織であった。

　その頃の生協の基幹商品は、米・牛乳・卵である。今ではスーパーでも手に入る低温度殺菌・成分無調整牛乳や指定配合飼料で育てた安心な鶏卵、減（無）農薬有機栽培の米など一般市場にはない時代だった。組合員は安心・安全な物を欲して、農産品は買い取りをすることなどを条件に手に入れ、恒常的な産直[注4]関係を築いていった。卵は30キロ、牛乳は1ケース12パックなどで、「班」の人数で割り、分け合った。加工品は、工場のラインを確保し、生協仕様の製造を行ってもらうなどした。現在は市場に当たり前のように並べられるようになった安心・安全な消費材は、生協運動・事業の大きな成果と言えるだろう。

　もう一つ、運動で代表的なものにせっけん運動がある。水質の改善とともに当時の合成洗剤の危険性を訴えた合成洗剤追放運動は全国的規模で行われた。特に近畿地方の水源である琵琶湖を擁した滋賀県では、環境の先進的な取り組みが多く行われ、分野別生協として画期的な環境生協が誕生した。

　生協は、主婦である組合員が出資し運営し利用する「三位一体」の活動を通して、女性が社会へ参画する窓口を開いた。この時期、日本生協連を筆頭に多

くの生協で組合員による商品委員会で消費材が誕生した。

2 | オルタナティブな働き方

1980年代になると、生協運動が一つの曲がり角にくる。活発化した活動は、地域の中で豊かなネットワークを作り始めた。地域に根差して活動を展開するようになると、大きく成長した生協は民主的な運営により合意形成に時間がかかることや、自分が必要だと思う身近な課題と生協で方針化される課題とにズレが生じてきた。多種多様な思いが生協では十分に活かされず、「やらされ感」として表現された。またこの頃、専業主婦である女性の子育てが一段落して、社会進出を始めた時期でもあった。

その中で、生活クラブ生協では1980年ICA大会で出されたレイドロー報告の中で示された「人間的で有意義な仕事の場づくり」や「協同組合による地域づくり」を方針化し、ワーカーズ・コレクティブ ➕38（以下、ワーカーズ）とい

表5・2　1980年のICA大会：レイドロー博士の「西暦2000年における協同組合」

1. **食料問題の取り組み**
   協同組合はこれまでも食べ物の分野で力を発揮してきたが、飽食と飢えとが地球に併存しており、発展途上国の人口増加や自然破壊による農地の荒廃によって、今後の食料需給はさらに不安定になるとの見通しがある。食料の生産と流通、消費のあり方を望ましい形にしていくために、協同組合は挑戦しよう。

2. **人間的で有意義な仕事の場づくり**
   世界には失業があふれており、今後雇用問題はますます重要になっていくだろう。また、労働を働く人の主体性に基づく、より人間的で質の高いものにし、人びとが本当の意味で必要としている社会的に有意義な仕事をつくり出していくことが必要だ。そのために、労働者協同組合づくりを進めよう。

3. **脱浪費社会に向けた協同の再構築**
   消費者のニーズは多様化しているが、やたらに消費欲をあおったり、使い捨てさせるなど、資源を浪費している現代の過剰生産・過剰消費の仕組みから、消費者を守ることが協同組合にとって必要だ。

4. **協同組合地域社会の建設**
   一つの協同組合でできることには限界があるが、各種の協同組合が多数協同し合うなら、新しい地域社会がつくれるだろう。事業の統合化や協同組合間協同によって広範な経済的・社会的・文化的サービスを組合員に提供し、組合員の暮らしのかなりの部分を協同組合が支える、そのような「協同組合地域社会」づくりをめざそう。

出所：㈶協同組合経営研究所「新・協同組合とは」2007年

う協同組合方式で、市民事業を展開していった（表5・2）。

　その中心核は、生協運動で力をつけた組合員である女性たちだった。最初は、生活クラブ生協の業務受託である。1982年に「にんじん」が誕生し、生活クラブ神奈川からの業務請負・仕出し弁当製造販売などを始めた。この動きは東京、埼玉、千葉に広がり、生活クラブ生協のワーカーズは、「他人に雇われない」オルタナティブ[注5]な「自己実現」できる働き方として注目された。業務の種類も生協の委託から、主婦が日々感じる「こんな物が欲しい」「こんな風だったら良い」という生活を充実させる方向に拡大し、地域社会に根付いていった。他の生協でも徐々にその働き方は認知され、全国的な広がりをみせ、1993年から2年ごとに全国会議が開かれている。

　都道府県ごとのワーカーズの連合組織が1号会員となる形で、1995年に立ち上げた全国組織であるワーカーズ・コレクティブネットワークジャパン（以下、WNJ）の調査によると、2007年には、全国で約600団体、1万7000人以上のメンバーを有し、総事業高は約136億円の規模になっている。国民生活白書の平成16（2004）年度版では、「地域のニーズはビジネスチャンス、新しい働き方の実践」の事例として、神奈川ワーカーズ・コレクティブ連合会（図5・1）が紹介され、平成18（2006）年度版では「資本と労働を持ち寄る新しい働き方」の事例としてWNJが紹介されている（図5・2）。

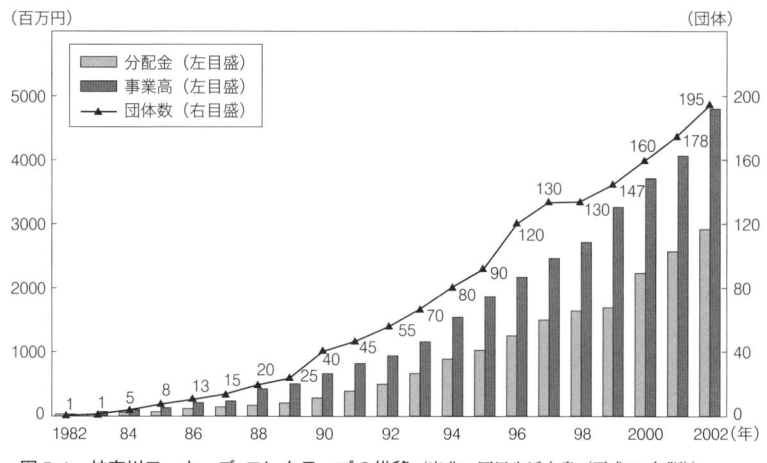

図5・1　神奈川ワーカーズ・コレクティブの推移（出典：国民生活白書（平成16年版））

ワーカーズは主婦が初めの一歩を踏み出す装置でもあったので、職種は生協の委託事業のほか、主婦の得意分野、家事・介護や弁当・食事サービスなどが今でも多い。特に公的介護保険制度が導入された2000年からは、福祉事業部門が飛躍的に伸びた。同制度の施行で公的資金が入るようになり、当時は事業として成立しやすくなったからである。近年は環境・情報・移動サービスなども増加し、担う分野は多岐に渡っている。

　事業の進展に伴い、情報交換や事業拡大のための投資資金が必要になる。そのために連合組織を作り、個々のワーカーズの設立支援、研修、資金貸付、広報、共同仕入れなどの実務的支援のほか、行政や社会への提案活動も担う中間支援的機能を持たせた。ベンチャー企業の継続性が数％と言われる中で、主婦主体のワーカーズが伸長できたのは、協同組合で培われた「信頼」をもとに連携できたからである。地域のつぶやきを事業化する、つまり事業継続するのが難しいから止めると判断するのではなく、地域にとって必要なら連帯することで事業として成立させることが可能になったのである。

　しかし、前項でも述べた通り、ワーカーズには根拠法がない。そのため、WNJは20年近く法律制定運動を行っている。法制化を求める他の団体との連携により、2008年ようやく「協同出資・協同経営で働く協同組合を考える議員連盟」が超党派で発足し、現在法案づくりの議論が同連盟で行われている。

　根拠法がないということは、そこで働く人を守る法律がなく、法人格もない

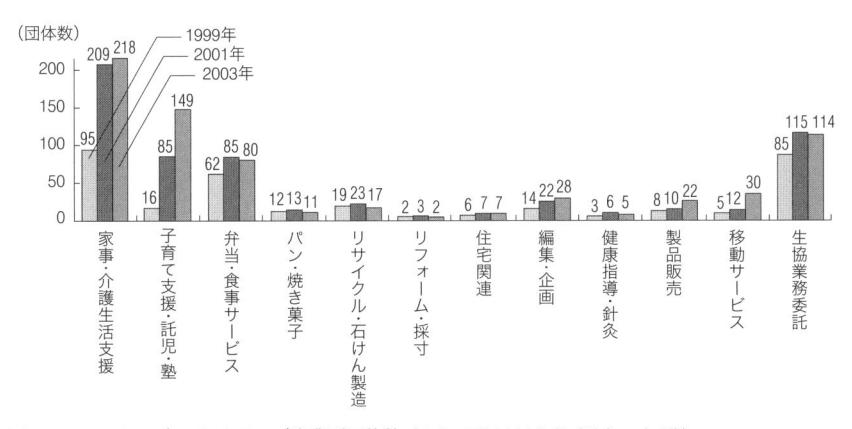

図5・2　ワーカーズ・コレクティブ事業別団体数（出典：国民生活白書（平成18年版））

ために資金需要が生じた時には代表の個人借入になるなど、事業を継続する上で様々な不都合が生じる。そのため、自助的な相互扶助として、自前の共済制度を創設した。また、市民が出資した非営利協同金融、市民バンクを設立した。老舗で有名なのが神奈川の「女性・市民（略称 WCC）信用組合設立準備会」である。1998 年に、女性・市民中心の非営利・協同の金融機関を作ろうと呼びかけ、1 口 10 万円の出資充当金を集めた。同会は資金的需要があり銀行から借り入れのできないワーカーズや NPO 法人に向け融資を行っている。生活クラブという協同組合で培った信頼と「顔の見える関係」による融資の実行で、1998 年の融資開始から今日まで、貸し倒れは一件もない。

現在、それぞれの連合組織に所属している団体は、ワーカーズ、企業組合、NPO 法人、社会福祉法人など事業上の都合や発展で、様々な法人格になっている。根拠法、事業拡大、人材育成など課題はいろいろあるにしろ、「地域のニーズ、暮らしの必要」を、そこで生活している主婦自身が中心となっていち早く事業化し、社会的経済規模と雇用を生み出していった功績は大きいと言える。

5・3 コミュニティビジネスと協同組合

日本は今、これまでにない環境変化の中で、経済・社会の構造変革を迫られている。2008 年 10 月のアメリカから始まった金融危機による世界同時不況で、日本の GDP[注6]は同年 10 月から 12 月で約 14.5%、2009 年 1 月から 3 月では約 15.2%と戦後最悪の下降率である。また、日本の産業構造の転換は超高齢社会に突入する前に早急に行われなければならなかった。この急激な社会構造の変化の中で、年金・子育て支援はじめ社会保障制度は制度疲労を起こしており、財政難を抱えた地方公共団体の公共サービスは追いついていけない。我々は新たな公的セーフティネットの枠組みを誕生させるまで、「働く場」も含めて自らの生活を守るための仕組みづくりをしなければならなくなった。

1 生協の規模とインフラ

現在日本の生協は、組合員数約 2470 万世帯（2008 年 3 月）で、総供給高は

約3兆4千億円（2008年3月）、イオングループの事業高約5兆円（2008年2月）には及ばないが、相当の事業規模である。組合員を家族数2.54人（2005年：統計局）で換算し直すと、約6300万人になり、日本人の2人に1人は組合員である。

　またその事業規模だけでなく、生協には豊富な資源がある。不特定ではない"組合員"という購買力のある組織、物流網、決済機能、お金、そして生産から消費まで、生協という機能を中継して有機的な結合関係をもっている。このインフラを社会に有効に活用すれば、可能なことは数限りなくある。しかも協同組合に携わる人は、歴史的・国際的に確立された「協同組合の価値と原則」に従うことを求められる。組合員が自発的に参画し、1人1票という民主的なガバナンスが貫かれる限り、企業のように乗っ取られる心配もない。落ち着いて事業構築・事業活動ができる組織である。第7原則にある「コミュニティへの関与」をどのように実現していくのか。大きな社会の構造変化の前に、生協側がどのように自らの役割を果たすのかが、反対に問われている。レイドロー報告を踏まえ、今こそ生協のインフラを社会の構造にビルトインし、「生活の協同」を構築すべき時なのである。

2 ｜ 生協のインフラ・システムをコミュニティビジネスにどう活かすのか

　このような「生活の協同」を構築する上で生協のインフラを活用するには、2つの方法が考えられる。㈅現在の生協本体がその事業規模と資源を活用し、新しい事業として設計していく場合、㈆NPO法人よりも資金・資源の余裕がある生協が潤滑剤となって官・民・学・非営利にプラットフォームを提供し、コーディネーターとして、中間支援的な機能を発揮する場合、である。㈅にしても㈆にしても、生協本体の周辺にNPO法人や社会的テーマごとの協同組合を複合的にネットワークしたハイブリッドな構造になるだろう。

　私が所属しているパルシステム生協グループは、生活課題解決型生協を目指し、様々なチャレンジを始めている。その一つに相談業務（消費生活・多重債務[注7]・貧困／雇用問題等）専門生協のリニューアルがあり、それは、㈅・㈆を勘案したものである。相談業務を行う専門生協を生協間連携で設立し、相談から発する課題を専門的な組織と協働して解決に導く。2008年9月から本格再始

動した。まずはパルシステムの組合員対象だが、徐々に拡大していく予定である。また相談を受ければ当然、解決するための具体的な仕組みも必要になる。人材育成機関、就労支援システムなどパルシステムの資源を組み合わせるだけでなく、行政はじめ他団体との連携をもとにして行うことも将来的に考えている。

また生協が関係したコミュニティビジネスの事例として、以下に3つあげる。

事例5・1 協同組合間連携 ― 庄内まちづくり協同組合「虹」

地域の世帯組織率が70％以上という強固な組合員基盤を持つ2生協が牽引して設立した「庄内まちづくり協同組合「虹」（以下、「虹」）」を取り上げる。「虹」は山形県鶴岡市にあり、「協同のまちづくり」を掲げた協同組合連合の介護版として2004年に設立された。単体では黒字化できず事業継続が不可能な医療＋介護も、非営利・協同セクターの特性を活かした連携を通じて提供、複合型の介護福祉事業をビジネスモデル化した。疲弊した地域経済の中で雇用も生み出した事例でもある。

現鶴岡市は平成の大合併で、2005年旧鶴岡市に4町1村が一緒になってきた人口14万人の都市である。日本有数の稲作地域庄内平野に位置するが、減反政策 ⊕08 による第1次産業の衰退から、第2次産業（軽工業）に雇用の場を求めた。しかし昭和の後半から労働力（労賃）の安い中国に産業が流出し、平成になってからの地域での雇用は、地元の高校卒業生全体の3分の1程度しかない状態という。また、近年は人口減少と高齢化が進み、鶴岡市では2000年から2005年（国税調査）で約5000人の人口が減少した。これは鶴岡市に合併された旧朝日村の人口とほぼ同じで、5年で1村が消えたことを意味する。また鶴岡エリアの3分の1は65歳以上の高齢者で、すでに日本の20年先の高齢化率になっている。

「虹」は異業種が集まって設立した「中小企業等協同組合法第3条1」の事業協同組合にあたる。「いつまでも安心して住み続けられるまちづくり」を目的とし、介護保険事業、ヘルパー養成、配食・給食サービス、送迎・夜警、清掃などの事業を行っている。2007年度の事業概要（2008年3月31日現在）は、表5・3の通りである。高齢者住宅「虹の家こころ」を増築したために当

期の事業剰余は約2千万円の大幅赤字である。

「虹」は、強固な組合員基盤を持つ2つの生協の長い歴史的な協同の経過を経て誕生した。鶴岡市には、生活協同組合共立社（10地域生協で構成する連邦型の購買生協）の中で最古の歴史を持つ鶴岡生協と、庄内医療生協があり、両生協に加入している組合員が80%という組織基盤がある。1955年に設

表5・3　庄内まちづくり協同組合「虹」の事業とその収入

	項目	金額（円）
事業収入	介護事業	229,826,061
	メンテナンス	146,625,761
	給食	93,345,807
	送迎・夜警	38,396,900
	家賃	29,051,301
	配食	25,916,364
	その他	16,687,317
	合計	579,849,511
経常剰余		△ 17,968,625

出典：2008年5月30日の総会資料より筆者作成

立された鶴岡生協が、1964年の新潟地震被災により「医療過疎地域」であった同市に医療施設の必要性を痛感し、全国の生協から寄せられたカンパの一部を基金にして設立したのが庄内医療生協である。以来、共立社・鶴岡生協と庄内医療生協とは日常的に交流し合い、組合員の要望を具体化してきた。30年が経過した時に両生協の組合員の高齢化による要望に応え、まず、1995年社会福祉法人「山形虹の会」を作り、1996年老人保健施設「かけはし」を建設した。「かけはし」建設には1億円の寄付が必要だったが、庄内医療生協の看護師たちが地域を説得して回り、4800人の個人寄付を半年で集めたという。地域における生協への期待と信頼がそこにある。

その後、2000年の公的介護保険制度 施行を前にして、共立社・庄内医療生協・山形虹の会・高齢者福祉生活協同組合（高齢協）が4者協議会を設置、1999年から毎月1回のトップ会議を行った。「地域から求められていること」「超高齢化や雇用難に対してできること」について、高齢者福祉介護事業が対応できる分野ではないかとされた。

まず2001年に庄内医療生協の協立病院移転後の元病院施設をリニューアルし、全国初と言われる生活支援型ショートステイを可能にした総合介護センター「ふたば」をオープンさせた。庄内医療生協が居宅介護・ヘルパーステーション・デイサービス・ショートステイ、共立社が介護保険用品レンタル、高齢協が配食センター、くらしのたすけあいの会が有償ボランティアを提供するというように、困った人が「ふたば」に駆け込めば、相談を含め総

合介護サービスを受けることができるように設計した。

　2000年に公的介護保険制度は導入されたが、鶴岡エリアの高齢化の進展は早く、複合的な介護を必要とする人が多くなった。介護施設への需要が高まり、鶴岡市でも常時500人が施設入居の順番待ちの状態となっていた。安全で自由度の高い高齢者住宅は要望も強く、今後の事業の核となり得るものと想定された。しかし、4者協議会という任意団体でリスクの伴う事業を構想することは不可能だった。そこで、2004年に4者協議会に調剤薬局のファルマ山形と損保関係の業務を担うコープ開発センターも参加し、法人格を持たせた『庄内まちづくり協同組合「虹」』を設立したのである。翌年、庄内産直センターも加わり、7団体が事業協同組合の構成員となった。「虹」の事業部構造は図5·3の通りである。また、ケアプランでは、15％の地域シェアを獲得した（2008年11月）。

　2004年、高齢者住宅「虹の家こころ」を開設した。「虹の家こころ」は協立病院の裏手にあり、受け入れ先を見つけるのが困難な医療依存度の高い要介護者を同病院と連携して受け入れている。利用料金は、相場では15万円だが、自己負担額、水道光熱費・室料・食費・介護保険利用料込み8万5千円／月で設計されている。2007年に増築し、ディサービス「きらり」と療養通所介護「ゆい」も併設した。特に「ゆい」は、病状の進行した重度者のみ受け入れて、看護師も配置する手厚い配慮もしているので、単体の事業とし

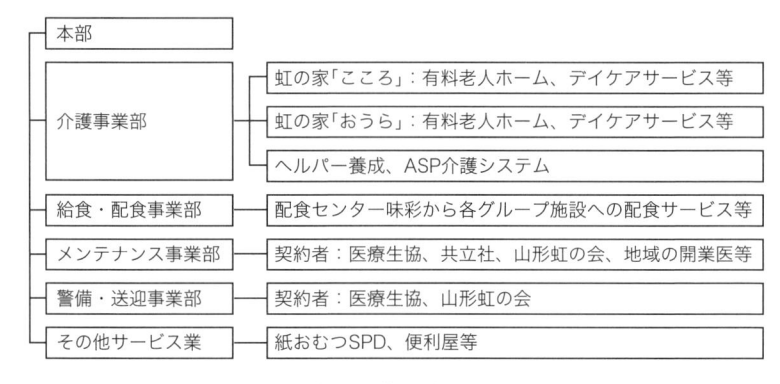

本部		
介護事業部	虹の家「こころ」：有料老人ホーム、デイケアサービス等	
	虹の家「おうら」：有料老人ホーム、デイケアサービス等	
	ヘルパー養成、ASP介護システム	
給食・配食事業部	配食センター味彩から各グループ施設への配食サービス等	
メンテナンス事業部	契約者：医療生協、共立社、山形虹の会、地域の開業医等	
警備・送迎事業部	契約者：医療生協、山形虹の会	
その他サービス業	紙おむつSPD、便利屋等	

図5·3　庄内まちづくり協同組合「虹」の事業部構造　(出典：木下斉 (2009)「地域医療・福祉サービスのグループ運営」『生活協同組合研究』2009年6月号より)

てはペイしない。単独事業では成立しないものを組み合わせて、総合的に資金循環できるような事業設計を行っているのが、この「虹」の特徴である。また、共立社や庄内医療生協への信頼・信用が力となって、地域資源が提供されるのも強みである。2005年には高齢化率が30％に達した大山地域で「虹の家おうら」をオープンさせた。この施設は、生協には世話になったとする遺族より提供された元開業医の医院と住居を改装し、地域密着型の小規模複合施設として再生させたものである。「虹の家こころ」と比較すると軽度で自立性の高い要介護者を受け入れている。さらに6万5千円／月という国民年金の支給範囲内で利用可能なように設計している。今後の社会状況を考えると、国民年金の支給範囲額で事業設計できた意義は非常に大きいと言える。

　「虹」を構想し設立する過程で、この「協同のまちづくり」を可能ならしめたのは、以下のようなポイントがあると考えられる。

①両生協の組織率の高さ。組合員の要望＝地域の要望となること。
②内需型産業である協同組合の特徴のために、トップ層が地域課題を日常的に真剣に話し合ってきたこと。つまり地域の疲弊＝事業の衰退→逃げ道がない！
③異業種の協同組合が協同することに、必ず経済的なメリットが出るようにしたこと。
④利益率の高くない介護福祉事業を、生活総合化事業とすることで、全体で利益がとれるように設計したこと。
⑤「虹」設立にあたって、庄内医療生協が医療分野を活かした人的支援を行えたこと。

　地域経済の活性化の一翼を担うための雇用創出は、2005年4月49名、2006年3月149名、2009年3月215名超という規模になった。「要求のあるところに運動を作り、運動の中から事業化し、それを継続できるようにしていく。「庄内まちづくり協同組合「虹」」で、一生協ではできないことを非営利・協同セクターが協同して実現する。いくら非営利と言っても、事業も組織も生き残らないことには意味がない」というのが、専務理事の回答である。

事例 5・2 協同組合の資源活用 ― 特定非営利活動法人くらし協同館なかよし

　次に取り上げるのは、生協が持っている資源の活用である。生協にとっては負の資産であったものを見事に再生した事例である。

　地域の人口減少や高齢化、大型店舗出店に伴い、近年農協のAコープの赤字の小規模店舗は次々と閉鎖された。閉鎖されることで地域に暮らす高齢者が困っているという声は多い。「くらし協同館なかよし」（以下、なかよし）は、生協の小規模店舗を、組合員有志が中心となった地域の人が運営することで再生させた。その成功の鍵は、長い生協活動によって力をつけた人材が、生協の資産を下地に地域との win-win の関係を作り上げたことと、お互い様の相互扶助的な働き方に基づく人的マネジメントにより運営コストを削減した点にある。

　「なかよし」は、茨城県ひたちなか市にある、パルシステム茨城（当時の名称は「ハイコープ」）の閉鎖店舗をリニューアルオープンした 70 坪ほどの"地域のサロン"つまりコンビニエンスストアと公民館が一緒になったような施設である。2005 年 11 月に「いつまでも元気ですごすまちづくり」を掲げ、事業を開始した。

　一戸建て団地 1000 戸、周辺を入れると 2000 戸の中心に「なかよし」は存在する。その団地にはサラリーマンや転勤族が多く住んでいるが、幹線道路で生活圏が区切られていたため、地元とのつながりはあまりない。もともとあったパルシステム茨城の店舗は、組合員となった団地住民が子育てを終了するにつれ利用高も減少した。かつ、大規模店舗が近隣に出現したため、2004 年 5 月に閉店となった。しかし、生協の店舗が閉店したことの影響は大きかった。「高齢者が食品を購入できる店がなくなった」「地域住民の交流の場がなくなってさみしい」「クリーニングや写真の取次店がなくなった」など、地域住民からは再開を求める声が集まった。パルシステム茨城側では、閉鎖に掛かるコストを考えると、空き店舗を活用してくれれば、地域貢献になるが、その場合、あくまでも地域住民が主体となり自立した運営で有効利用して欲しいなどの意向であった。店舗担当理事として 10 年以上のキャリアを持つ塚越教子さん（現なかよし理事長）たちは、閉店の時に聞いた地域住民の声を活かし、週 1 回の産直市を開催し好評を得た。団地住民との交流

も始まった。

　同時に塚越さんは、ひたちなか市のコミュニティビジネス創生プロジェクトに参加した。マーケットリサーチを開始、1500戸対象にアンケート調査を実施した。その結果、早期再開を求める多くの声が集まり、店舗を再開する決意をした。しかも"無償かもしれない"という条件なのに54名もの地域協力者を発掘した。

　2005年4月に設立準備委員会を設定した。パルシステム茨城から同委員会に職員が派遣され、助成金も決まった。今後想定される施設の大規模修繕はパルシステム茨城が担うが、再開のための改装費用を必要最小限度に抑えるため、生協の店舗時代にあったものを徹底的に利用した。コーナーの仕切り壁には商品の陳列棚を使用した。すると、塚越さんたちの奮闘を見かねた地域のリタイア男性がペンキ塗りで活躍し、以後もボランティアで参加している。テーブル、喫茶用備品（カップ＆ソーサー等）などは地域によびかけ、家庭で眠っていた品でまかなった。今の日本では不用品とはいえ立派なモノが集まる。このように地域を巻き込んでいくのが「なかよし」のやり方である。

　現在、「なかよし」の正会員は114名、賛助会員164名で、内80名ほどが有償ボランティア登録し事業に参加している（2009年3月末）。2008年度事業収入は、3年目で2650万円になった（表5・4）。店舗は日曜日・年末年始を除き毎日開店している。店が開いていることが地域の安心につながると2交代制で15人から16人を配置している。事業は、①高齢者・障害者の健康維持と介護予防、②高齢者・障害者と市民の交流・助け合い・生きがいづくり、③地域産業の支援と地産地消 ⊕30 の活動、安全な食を守る活動、である。組織は、生協の機関運営の経験を活かした経営執行体制である。

　事業目的に副って具体的な事業活動

表5・4　NPO法人くらし協同館なかよしの事業とその収入（2009年3月31日現在）

	項目	金額（円）
事業収入	第一事業	20,658,562
	内　総菜売上	9,559,623
	食事売上	2,204,540
	喫茶売上	462,910
	第二事業（雑貨、レンタルボックス等）	2,201,559
	第三事業（産直等）	2,894,227
	会費・寄付・その他	667,293
	合計	26,424,641
経常剰余		1,472,777

出典：「なかよし」提供資料より筆者作成

は、チーム編成で行っている。個人の技能や経験を活かし、惣菜チームから子育て支援チームまで9つのワーキングチームがある。働き手の年代は30代から80代と幅が広い。働くこと、その楽しみ、生きがいとのバランスをとり、かつ、主力女性は、親の介護と孫の世話でも忙しいので、あくまでも自発性を尊重している。また、中高齢者が働き手であることから、体の調子などに留意したお互い様の働き方を貫いている。きちんとした仕事であり、助け合いの活動でもあるというバランスを240円／時という活動費で表現している。年齢による体の変調、働き方のスピードや手際の良さの違い、コミュニケーション能力の優劣など、効率を考えたらお互いに働けない。その人の良さを認め合うというマネジメントを徹底させ、それぞれのワーキングチームトップ（理事）が働く人・集う人の意見を吸い上げ共有し、事例検証しながら、話し合いで解決している。

　店舗は4つに区画されており、つどいのコーナー（講座など）・ゆっくりコーナー（子育て交流など）・食事と喫茶サロン・食の支援コーナーがある。食の支援コーナーには、地元農家の持込野菜、地元の業者が納入する鮮魚、地域支援商品（近在のメーカーやお店が出している餃子、お茶、コーヒー豆、昔ながらの醸造元の醤油など、品揃えに一工夫がある。また、人気の手づくり惣菜は、100円から300円で、コロッケ専門、漬物専門など、得意総菜に特化して作る人もいるため、毎日同じではない。惣菜以外は、売れた分で販売手数料をいただく。塚越さんたちが築いた地元生産者との関係で、数は少なくても品質の良い農産物が届く。直接買う人の顔が見え感想も聞けるのは、他の納入業者も同じで、出す方の張り合いになる。

　20坪ほどのこの売り場に人をひきつけるには、品数だけでは限界がある。人と人の信頼という付加価値を創り、多世代が日常的に集うしかけも随所にしている。それには地域資源の徹底的な掘り起こしと活用、win－winの関係づくりが重要になる。食の支援コーナーの一隅にはレンタルボックスがあり1000円〜2000円／月でスペースを貸し出し、地域の人はそこで趣味の品を置いたりするミニ商いに利用している。また地域の障害者福祉作業所のお菓子も販売している。つどいのコーナーでは趣味や健康の講座や活動が26ある。趣味の講座は、地域の人が先生で200円〜2000円の参加費で学べる。教

えたり、教えられたりの双方向の関係づくりで豊かな人間関係が構築される。最近では行政と連携して、健康推進課の出前講座や消費生活相談の悪徳商法の出前講座なども運営している。こうした講座は、間仕切りがしてあるだけのコーナーで行われているので、見学自由である。子育てサロンの活動の成果もあり、集まるのは高齢者だけではない。子供を連れた母親、学校を終えた子供たちなど、いろいろな世代が集まるようになってきた。

　何しろ、賑やかである。店で働いている人は常に周りに目を配り、来店する人に必ず声をかける。「今日も元気？」「最近見なかったね」「（子供に向かって）帰る時には一言挨拶して帰りなさい。いつ帰ったかわからないと心配だからね」など。生活サポートサービスも始めた。有料と無料があるが、困ったことがあれば一声かけて欲しいという。2008年度は、全企画で7776人の参加があった。問題が起きた時は、それぞれが長年にわたって培った暮らしの知恵を持ち寄って解決する。そうした双方向コミュニケーションが、地域の底力を形成していく。

　パルシステム茨城では、この取り組みの社会的評価・反響によって、役職員の働く上でのモチベーションやロイヤリティが向上し、地域支援の一つのあり方となった。金沢店のリニューアル時には、地域から要望の強かった総菜コーナーを、組合員が運営するワーカーズ・コレクティブ「主婦の店グッディ」を設立し、そこに運営委託した。現在非常に好評で、店舗全体の売上増（2～3割増し）にも貢献しているという。

　生協活動で得た「協同」の大切さを塚越理事長は、「くらし協同館なかよし」という名前の中心に入れたかったそうだ。2009年、「くらし協同館なかよし」は、経済産業省ソーシャルビジネス55選に選ばれた。

事例 5・3 協同組合と地域 ― 第6次産業モデル：パルシステムの「ささかみモデル」

　次に、パルシステムグループと新潟県阿賀野市ある小農協JAささかみとの30年間の産直から発展した事例を紹介する。農業が主要である地域が購買力のある生協と組むことで、農産物（第1次産業）を、加工（第2次産業）し、流通販売・グリーンツーリズム（第3次産業）を行う第6次産業モデルを作り上げた。互いの資源を組み合せたコミュニティビジネスの事例である。

パルシステム生活協同組合連合会（以下「連合会」）は1都8県10会員生協で構成された生協事業連合の一つである。組合員数約102万人、供給高約1839億円（2008年度）。供給事業の8割を東京・神奈川・千葉・埼玉で展開している都市型の地域生協グループで、連合会は無店舗宅配事業専業である。パルシステムの産直[注8]は、供給事業の4割を占める核になっている。しかし、30年ほど前パルシステムの前身は、地域に展開していた組員数500人～1万人ほどの小生協20弱が集まって共同事業を行っていた弱小生協グループだった。弱小生協が生協業界での生き残りを産直事業にかけた。農薬と化学肥料が農業生産の主流だった時代に、減（無）農薬・有機栽培農産物の直取引をめざし、当時、農村地域で変わり者扱いされていた有機農業に携わる小生産者グループとの関係を築いてきた。その中心にJAささかみが存在した。

　JAささかみは旧笹神地区にあり、2004年の合併で阿賀野市になった。新潟県の北東に位置し、国の天然記念物の渡り鳥であるオオヒシクイの日本一の飛来地である福島潟に近い。「潟」と称されるように、農地としては扱いにくい、胸まで沼地につかりながら田植えをしたという苦難の農業を強いられてきた歴史がある。また、豊臣時代の一揆にまで遡る農民運動が激しく行われてきた地域でもある。戦後、農地解放から農業基本法の公布を経て、食料増産のため新潟県では1961年に100万トン米づくり運動が取り組まれ、1968年に達成した。が、翌年から米の生産調整が始まった。当初は自主減反、1978年からは強制減反となった。米づくりが主要な地域で農業を営む者として米を作れない状況を打破すべく、JAささかみ（当時笹岡農協）は激しい反減反運動を行った。が、食料管理法に抵触し理事者が処分されたのを機に、行政と連携し村農政対策協議会を立ち上げ、合法的な価格闘争に運動をシフトしていった。

　「米しかない所で、農民が自立して生きていくにはどのような方法があるのか、農政を頼ってばかりでは地域営農が守れない。都市消費者と直接つながる道を探りたい」。しかし、当時のJA新潟経済連は米のブランド化を考え、同経済連を通過しない米は一粒たりとも外には出さない方針だった。また、JAささかみ理事会も産直には必ずしも賛成ではなかった。生協側も未法人の連合会の取り組みに加盟生協が積極的に関わるスタンスでもなかった。以

後、米が実際に組合員の手に届くまで、双方の米なし交流は7年間続いた。

　まず、1982年に生協側理事長および理事20名が来村し農業役員と民泊交流した。同年台風の影響による稲の白穂災害（一晩で稲穂が真っ白になり米が実らない）時に生協側ではカンパ活動を行い、それが、米がダメなら餅加工からと、農協の餅加工所建設に発展した。この加工所の建設は産直に反対する農協幹部に経済メリットを見せ、協力を得るためだった。しかし予想に反して、正月用餅は大量に売れ残った。そこで生協側の組合員理事たちが8月になっても組合員に餅を売り歩き、何とか餅米の在庫を3分の2まで消化した。1983年に農協に産直婦人部が結成され、生協では産直委員会の委員を中心にして、主婦同士の一品持ち寄りの交流が始まった。1984年には、第1次地域農業振興計画に基づき、笹岡農協と連合会（未法人）・全農・県経済連との間で協同組合間協同事業の提携に関する協定が締結された。

　婦人部の交流の次には、地域のお年寄り（平均75歳）を巻き込む方針として、減反田で青田刈りした稲わらを利用して、お年寄りにお正月用のしめ飾りを作ってもらうことになった。お年寄りたちは孫にお年玉をやれると大喜びでがんばり、あまりのがんばりに心配した家族から、農協へは「年寄りを殺す気か！」という苦情が来るほどだった。交流の最後は本命である米生産者の農協組合員になる。産直を理解してもらうために、毎年交流メンバーを変えて農協の主だった組合員が生協を訪問し、生協組合員と交流した。1986年の笹神村では夏の交流会に13台のバスを連ねて470人の生協組合員が来村した。村では、農協青年部・婦人部・子供たちも参加して500人規模の大交流会になった。

　交流が続いて7年。ここに至っても新潟経済連の二次集荷への協力（自主流通米）は得られなかった。そこで、1988年に食管法が改正され特別栽培米[注9]制度が制定されたのを受け、この制度を利用し米の産直を行うことにした。この時に初めて生協側が3つの条件を出した。①一般的に行われていた農薬の空中散布の見直し、②ダイオキシンと成分が似ている除草剤の使用禁止、③特別栽培（減農薬減化学肥料）を実験的に取り組むことである。減収する可能性も考え、生協・村・農協・生産者で基金を創設した。生協側では、組合員から200円ずつ積み立て基金にした。農協側の説得に応じた10戸の生

産者が、3年間の実験栽培を行うことになった。特別栽培米制度は生産者個人と消費者個人が取引するものだったので、生協理事と産直委員たちは組合員宅1軒1軒に必死で電話をかけた。消費できる米の量を測り、申し込み用紙に住所を記載してもらい、押印をお願いし、食糧庁から確認の電話が入るので、それに対する答え方まで伝えた。初年度2千軒余に達した。毎年、生産量と消費量を合わせ、特別栽培米の作付面積を拡大させた。また、生産の現場を理解し共有するために、田植え・草取り・稲刈りツアーが組合員の手で企画実施された。

　3年に渡る取り組みの後、特別表示米[注9]制度ができたので、農協と生協の組織間取引に移行できた。1990年、笹神村は「ゆうきの里ささかみ」宣言を行い、この環境保全型農業が地域へ展開されていった。1996年「第1回環境保全型農業推進コンクール」では、農協の推薦により笹神村が農林水産大臣賞を獲得した。

　1999年に制定された新農業基本法、食料・農業・農村基本法は「有機農法の推進」や「農の多面的機能」を評価する政策方針が出された。パルシステムは新農政に参画していくことをはっきりと打ち出し、JAささかみおよび笹神村を資源循環型・環境保全型農業モデルを推進する象徴「ささかみモデル」として、連合会の新農業事業政策の中心に位置づけた。1988年に特別栽培米に取り組み始めてから、減農薬減化学肥料栽培が当初20トンから2200トンに拡大し、有機栽培への挑戦も1.5トンから2000年には30トンにまで拡大していた。

　同じく2000年にJAささかみ・阿賀野市・連合会で「ささかみ 食料と農業に関する基本協定」が締結された。その協定に基づいて、JAささかみ・全農・連合会・新潟総合生協・阿賀野市・観光協会・旅館協同組合を構成員とする食料農業推進協議会が設置された。2001年には、減反田の転作大豆を利用した豆腐工場と運営会社である㈱ささかみが設立された。JAささかみ・連合会・共生食品㈱（連合会の取引先豆腐メーカー）・新潟総合生協が出資した。㈱ささかみは、豆腐工場とぽっぽ五頭（宿泊施設）の運営を行った。豆腐工場やぽっぽ五頭の運営によって地域に雇用を生み、また、そこの従業員として身分保障しながら農業労働者としてやっていく道筋を創り、一人前に

なれば農業者として独立できるように設計された。

　パルシステムグループの取引先である農協とメーカーとの協働事業の構築は、パルシステムという共通基盤の上にありながら、育った仕事環境の違いもあり、時間や衛生に関する観念・言葉の捉え方等なかなか困難なことが多かった。しかし、農業だけでは食べていけない時代にあって、"農業が産業の中核である"地域にいかに雇用を生み出し、地域経済の活性化を図ればよいのか、その解答を求める取り組みでもあった。満を持した豆腐工場は、日持ちのする充填豆腐の開発で購買力のある首都圏、連合会へ出荷され順調に事業伸長している。味噌や酒の加工も始めた。新潟という地域の特性を活かし農業と地域資源を組み合わせ、商品の一つ一つにこれまでの歴史と開発に関する「物語」を込めて、遠方の消費者＝生協組合員に提供される。この「物語」への共感が、組合員からは購買行動として表現される。「稲作を中心とした地域」にとっての本格的な加工品の開発は、地元経済の活性化には欠かせない。生協を核にした「第6次産業」の誕生である。

　豆腐工場には体験コーナーや見学コーナーも設けられた。別な場所にあった農産物直販所も豆腐工場の横に移動し、直販所に農産物を出す人や買いに来る人など近隣の人が日常的に寄り合う場所にもなっている。

　JAささかみとパルシステムグループの組合員交流の本格的事業化も図られた。売り上げから1％を食料農業推進協議会に寄付して交流事業に係る費用を安定的に捻出できるようにした。さらに一歩進んで、NPO法人食農ネットささかみが2004年に設立された。NPOの運営費・事業費として、連合会売り上げの1％、JAは1俵200円、生産者は1俵30円ほどを寄付した。こうした寄付を得て、組合員の産地交流（ツーリズム事業）、地域にも開かれた田んぼの生き物調査等（調査・研究事業）・食農教育事業・文化活動事業が企画実施されている。企画の参加者—地域の人や生協組合員は、自然に「農」に触れるように導かれる。田植え等の体験のほか食事作りも、田んぼや畑に行って、地元の人と交わりながら、野菜のほか、無農薬田のどじょう、用水路や田んぼの蜆など食材の調達から始める。子供や男性に特に人気のあるのは、田んぼの生き物調査だ。こうした活動を通して、農と自然との関係を知り、農業への見方が変わり、それが自然環境を守るという農の持つ多面

表5・5　産直事業の年度別実績

販売先	主な品目	2001年(H13) 販売量	販売金額	2002年(H14) 販売量	販売金額	2003年(H15) 販売量	販売金額	2004年(H16) 販売量	販売金額	2005年(H17) 販売量	販売金額	2006年(H18) 販売量	販売金額	2007年(H19) 販売量	販売金額
パルシステム	慣行栽培米	885	272,875	1,380	430,100	1,074	358,167	1,807	506,781	1,734	495,750	1,953	559,681	1,930	535,543
	特別栽培米(減・減)	2,137	766,045	1,905	660,608	1,759	644,856	1,755	605,475	1,983	670,915	2,263	773,207	2,327	722,903
	ふーどの米(有機・転換中有機)	41.9	18,873	46.8	21,060	31.0	13,545	30.4	14,205	37.5	17,855	39.7	18,498	37.1	17,110
	もち(切りもち・鏡もち)	34.0	33,791	32.0	33,589	27.1	25,394	18.4	19,945	12.4	15,150	8.8	11,380	7.5	9,543
	うめてば味噌	—	6,730	24.4	13,518	28.2	15,638	25.2	14,155	24.3	13,667	18.1	10,186	26.4	14,646
	しめ飾り	38,068	25,260	40,259	25,617	38,301	24,018	34,528	21,663	28,669	20,080	40,003	26,780	39,072	24,403
	ささかみ風土・田より	(卸販売)		(卸販売)		(卸販売)		(卸販売)		(卸販売)		(卸販売)		(卸販売)	
	おけさ柿	42.5	11,361	35.2	9,472	43.3	11,419	47.4	12,038	46.5	11,428	42.5	11,361	35.8	9,787
	ささみまいたけ	43.2	38,572	58.6	52,359	53.1	43,608	45.4	37,926	46.9	39,702	43.0	35,980	41.4	34,719
	うめてば豆腐(ブロー豆腐)	—	—	13.8	2,864	735.9	152,375	830.6	189,146	831.8	201,571	992.6	249,029	1,062	249,530
	その他	—	—	27.1	2,846	13	1,404	10	1,002	10	1,000	—	—	—	—
総合生協	カット・ブロー豆腐	—	—	83.9	19,528	212.3	47,532	217.0	51,814	214.0	54,899	211.9	55,446	213.7	55,382
	その他	—	22,526	—	13,150	—	8,828	—	4,558	—	5,549	—	2,956	—	4,921
	合計	—	1,196,033	—	1,284,711	—	1,346,784	—	1,478,708	—	1,547,566	—	1,754,504	—	1,678,487

※販売量の単位：t （しめ飾りのみ：個）
出所：NPO法人食農ネットささかみ総会資料

的な価値への理解につながって行く。今、それに魅せられた家族がリピーターになるだけでなく、生協の交流の枠を超えて、自発的に農業に関わる例が出始めている。2005年に「ささかみ食料農業推進協議会」は、その活動を評価され、第34回日本農業賞特別部門第1回「食の架け橋賞」大賞を受賞した。JAささかみの実績は表5・5の通りである。また、この提携がもたらした多様な効果については図5・4にまとめている。

　このように生協を核として、協同組合間の連携や資源、購買力、人の力、それぞれを組み合せることにより多様なコミュニティビジネスを誕生させることができる。その可能性は、地域における小事業から、地域を支える規模の事業まで多彩である。この力の活用をNPOや市民団体がより意識されることを願う。
　また生協側では何よりも組合員の底力を引き出すためのシステムづくりが大切になるだろう。組合員は全国規模で存在する。彼らのうち10％の人が社会的テーマを持つコミュニティビジネスを自ら展開するか、あるいは賛同者となって資金の提供者になり、市民資本の形成が本格的にできるとしたら、官・民とのバランスが取れた地域を支え得る非営利・協同セクターの形成も夢ではないだろう。今こそ協同組合の出番なのである。

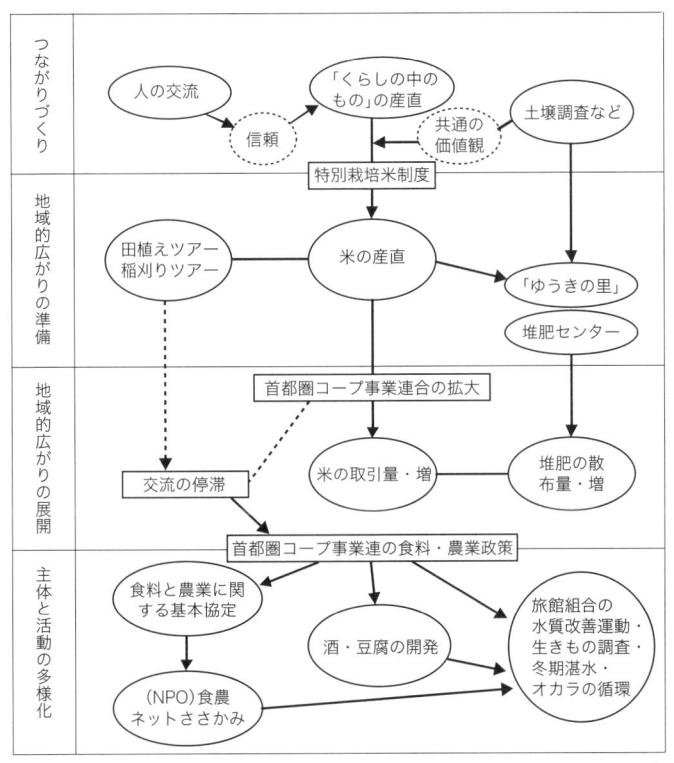

図5・4　提携がもたらした多様な効果（出典：澤千恵「協同組合間提携と循環型・環境保全型地域つくりの相互作用に関する研究」2008年）

※首都圏コープ事業連合はパルシステムの旧名

つながりづくり：人の交流／信頼／「くらしの中のもの」の産直／共通の価値観／土壌調査など／特別栽培米制度

地域的広がりの準備：田植えツアー・稲刈りツアー／米の産直／「ゆうきの里」／堆肥センター

地域的広がりの展開：首都圏コープ事業連合の拡大／交流の停滞／米の取引量・増／堆肥の散布量・増

主体と活動の多様化：首都圏コープ事業連の食料・農業政策／食料と農業に関する基本協定／酒・豆腐の開発／旅館組合の水質改善運動・生きもの調査・冬期湛水・オカラの循環／（NPO）食農ネットささかみ

>>設問<<

1) 協同組合の特徴を、NPOや株式会社との比較において、まとめましょう。
2) コミュニティビジネスを行う上で、協同組合がもっている優位性について、事例に基づいてまとめましょう。

第6講

コミュニティビジネスに対する
支援機能の必要性と課題

藤木千草

*

　地域の細かなニーズや課題の解決を目的として市民が始める事業であるコミュニティビジネスは、もともと営利企業が参入しない不採算分野での取り組みが大半です。また、思いに駆られて起業するため、経営に関する知識や事業分野の専門性も乏しいという現状があります。したがって、十分な事業経費や人件費を得ることが難しく、事業を継続していくに当たっては、様々な角度からの支援や社会的な仕組みが不可欠です。この講では、支援組織に焦点を当てて現状の課題を整理し、今後について展望するとともに、法制度や行政施策についても考えます。

6・1

コミュニティビジネスに対する支援とは何か？

1 │ 支援組織の形成過程と現状

　コミュニティビジネスは1980年代から各地で次々と設立されてきた。例えば、生活クラブ生活協同組合の業務受託から始まり、家事援助・介護、子育て支援、弁当惣菜、高齢者配食など多業種に拡がっているワーカーズ・コレクティブは、第1号が1982年に横浜で誕生した。今や北海道から九州まで全国で約700団体となっているが、そこまで拡大した背景には生活協同組合の支援がある（第5講参照）。組合員が「安心できる素材で弁当やパンを作りたい」「在宅介護を支えるサービスが必要」「理由を問わず子どもを預かろう」など暮らしの中の課題を発見する活動を行い、起業に向けて話し合いの場を提供し、組合員に呼びかけてメンバーを募る、という生活協同組合による一連のサポートがワーカーズ・コレクティブを生み出してきた。場合によっては生協が事業を行う場所を貸したり、助成金の仕組みも作ったりして支援を行っている。パルシステム生活協同組合連合会が2006年から開始した「セカンドステージ事業」もその一つである。ホームページや情報誌で地域での起業に向けて情報提供や人をつなぐ仕掛けを展開している。

　また、農水省のデータによると農業関係の女性による起業が全国で9444件（2006年度、個人経営3599件、グループ経営5845件）となっている。農産物の直売所や農産品加工、レストランなど地産地消を実践しているが、こちらは農業協同組合の支援で年々増え続けている。このように協同組合が先駆的にコミュニティビジネスを創出する支援組織の役割を果たしているが、支援のみを本来事業とするものではない。

　この講で分析を試みるのは、コミュニティビジネスの事業体に対して支援することを使命としている団体である。中間支援組織（インターミディアリー）として欧米での実践から紹介された組織で、もともとは「仲介」といった意味があり、資金・人材・情報などの提供者とコミュニティビジネスの間に入って

支援する機関を指す。

　しかし日本の場合、いわゆるヒト・モノ・カネを提供する側である行政・企業・支援専門のNPOにしっかりとした体制が確立されているわけではなく、また提供されるコミュニティビジネス側も中間支援組織を使って資金調達やスキルアップをしようという姿勢が行き渡っている状況ではない。したがって「中間」や「仲介」といってもいったい何と何の間をつなぐのか、「中間」としての役割がはっきりとしていない。現状の支援のあり方は、ヒトを育成しモノを提供する制度づくりや基金（ファンド）創設など提供側の基盤整備を果たし、実践側に対しては起業・資金調達から組織運営や事業のノウハウまでアドバイスし、時にはマーケティングなど調査活動も行い、情報を提供することなどが総合的に求められている。さらに、コミュニティビジネスを社会の中で一般化していくことや、政策提言も手がけなければならないという状況である。

　そこで、ここでは敢えて「中間支援組織」ではなく「支援組織」と表記するが、こういった団体は1998年に特定非営利活動促進法（以下、NPO法）が制定されて以来、NPO法人が次々に設立されるのに伴って増えてきた。NPO法人設立支援のニーズが高まるとともに、NPO法が定める17分野の活動の第17号「前各号に掲げる活動を行う団体の運営又は活動に関する連絡、助言又は援助の活動」が、支援組織というものに対する共通認識を作り出してきたと言える。定款の活動分野に第17号を記載するNPO法人は1万6602団体あり全体の45.7％を占めている（2008年9月、内閣府）。

　しかし、この支援組織自体の運営も厳しい状況であることが、NPO法人に対する調査結果[注1]から見えてくる。活動内容に第17号を掲げるNPO法人の代表の約70％は兼務であり、兼務する職種としては「経営者・自営業」28％、「教員・研究者」16％、「会社員」16％、「団体職員」13％、「専門家（会計士・弁護士など）」13％となっている。また、雇用契約を結び社会保険に加入しているスタッフがいる団体は41％である。NPO法人全体の集計結果では平均年収が166万円、85％が年収300万円未満であることから、主たる家計保持者となっている人は少ないと思われる。支援機関自体も収益を得て安定した経営を継続することが求められるが、そのためには行政からの助成金や委託に加え、支援の仕組みや社会制度を整えることで、自立した事業の柱がもてることも重要である。

2 ｜ 日本における支援組織の運営と事業展開

　支援組織のタイプを考える場合、設立の形式に視点を当てると「公設公営」「公設民営」「民設民営」と分類することができる。「公設公営」は行政の施設で行政の職員などが業務に当たり、いわば100％税金で運営される。「公設民営」は施設を行政が用意し、委託費や助成金により民間団体やNPOが運営を担う。最近では指定管理者制度❶-17に則って行われることが多い。「民設民営」は市民が主体的に創出しているものである。行政の財政状況がどこも逼迫していることや、支援組織に求められる柔軟性などから「公設公営」が今後増えていくとは考えにくく、実際の運営は民間が担う場合が増えており、関東経済産業局の自治体調査[注2]によると「公設公営の中間支援機関がある」4.1％、「公設民営の中間支援機関がある」4.4％、「民設民営の中間支援機関がある」7.5％となっている。因みにこの設問に対する答えの大半は「存在しない」61.9％と「わからない」24.8％である。

　また、活動範囲で分類すると、全国を対象とした活動と特定の地域に根ざして活動する場合に分けられる。さらに、実際にどのような分野をどのような形で支援するのかという視点で分類することもできる。例えば、財政や資金調達に関することを中心とするNPOバンク❶-01系や会計の専門家の団体などがある。地名がついている組織はその地域密着型で、当該の行政とも連携しながら地域の特性に合わせた支援を行っている。「公設民営」として行政の施設を使って「支援センター」の業務を担っているところもある。全国的に活動するタイプの場合は、個々の事業体を直接支援するというより、社会的な支援の仕組みづくりや人材育成・情報提供などがメインの業務となる。業種ごと、あるいは同じ使命を持つ団体が集まって、自分たちに必要な支援組織を形成している場合もある。いくつかの支援組織を次の項で紹介する。

6・2 支援組織の事例紹介

　ここでは3つのタイプに分けて紹介する。

1 │ 地域のニーズ・諸活動から発足

団体名に地名がついていることが多く、その地域のニーズや様々な活動を通して発生した支援組織がある。このタイプは、行政の施設運営の受託あるいは代行（指定管理者の場合）を行っていることが多く、その施設運営を通してコミュニティビジネスの基盤強化・教育研修・情報の受発信・資金提供・政策提言・団体どうしのネットワーク化などの活動を行っている。

事例6・1 特定非営利活動法人せんだい・みやぎNPOセンター

「仙台NPO研究会」（1994年〜）における議論や政策提言、「市民活動地域支援システム研究会・仙台委員会」（1995年〜）の地域における支援システムに関する調査研究、「センダードサロン」（1996年〜）が毎月開催した交流の場、「杜の伝言板ゆるる」（1997年〜）による情報提供など市民による複数の支援活動があり、NPO法の制定に向けて97年7月に「NPO緊急フォーラ

表6・1 せんだい・みやぎNPOセンターの主な事業

- **情報サポート**：ホームページ・情報誌・シンポジウムなどの開催でNPOに関する情報発信を行っている。「みやぎの公益活動ポータルサイト『みんみん』」は、せんだい・みやぎNPOセンターが、日本財団の公益コミュニティサイトCANPANの協力を得て運営しているもので、宮城県内の市民活動団体やNPO法人等の定款から活動報告書などを収めたライブラリー・登録NPOによるブログ記事のアップ・企業や市民によるNPO支援や寄付の使い道・全国の企業が展開するCSR関連の活動など最新情報を提供している。企業が不要になったパソコンや事務機器を譲る情報なども掲載されている。
- **資金提供**：民が民を支える市民ファンド「地域貢献サポートファンドみんみん」を2003年7月に設置。市民・企業などの社会貢献の受け皿であり、資金支援を必要とするところへ提供する仕組み。これまでの提供実績は、物品を305団体に4043点（約1189万円相当）、リユースパソコンを延べ160団体に282台（約696万円相当）、資金提供は延べ190団体に約4347万円。7年半の実績総額で約6232万円の提供となっている。助成事業を通して地域のNPOとの関係を深め、具体的な相談やコンサルティングによって各団体の力量形成に効果をあげている。「地域貢献サポートファンドみんみん」の一種であり、宮城県が2010年まで毎年500万円拠出する「みやぎNPO夢ファンド」は、市民活動のスタートアップ（20万円以内）とステップアップ（100万円以内）、組織開発（50万円以内）等に支援を行っている。
- **施設運営**
 仙台市市民活動サポートセンター：仙台市の市民活動支援施設の指定管理者
 仙台市シニア活動支援センター（青葉区一番町）：仙台市市民活動サポートセンター3階。シニア層の社会参加支援事業受託
 多賀城市市民活動サポートセンター：施設管理とNPO支援業務受託

ム in 東北」を開催したのをきっかけに、1997 年に当センターが設立された。そして、1999 年に特定非営利活動法人となる。

　それまでの各団体の定期的な活動により延べ数百人が NPO について学んだことは、市民の NPO に対する意識の底上げにつながり、センター設立時には 200 人が集結した。

　センターの事務所は土日祝祭日を除く毎日 9 時半〜 18 時半に開いており、本部事務局の機能のほか、登録する県内の NPO 団体の基本情報が閲覧できるライブラリーもある。スタッフは施設管理・運営を受託または指定管理している市民活動の支援施設の職員も含めると 35 人。給与・社会保険・通勤費等の総額は約 6552 万円（07 年度）である。

◆加藤哲夫さん（代表理事）のお話

　NPO 側の課題として、きちんとした報告書を出せないということがあります。行政の見本に従って紙 1 枚しか出さないところが 60％です。また、業務を受託したいために安い金額に群がっているのもみっともないことです。力量を上げて「行政を変える」「受託額をあげさせる」くらいの姿勢にならないといけません。「人は役に立てばお金を払う」というビジネスの原理をおさえておくことも必要です。しかし、ボランティアを否定しないこと、お金が介在しなくても人は動くという部分も大事です。大学で教えていて、「何かに協力すると自分が損をする」という考えの若い人が多いのは危機的だと感じています。

　支援する側としては、融資・助成とコンサルティング機能を合わせたものが必要ですし、すでに実践している人が相談者になっていくという発想も大事です。一つの団体で取り組むのではなく、大学・市民団体・企業・行政などが連携して事業共同体（コンソーシアム）として地域づくりの支援を行うやり方が有効だと思いますが、「東北こんそ」（東北圏地域づくりコンソーシアム）[注3]や東北ソーシャルビジネス推進協議会[注4]は、2008 年度から始まった広域連携の実験的モデル事業です。

　また、既存の企業系支援組織（中小企業支援センター等）の支援の枠組みがコミュニティビジネスやソーシャルビジネスも対象とするようになることも活性化につながると思います。

事例6・2 特定非営利活動法人宝塚NPOセンター

　70年代からボランティア活動を開始した森綾子さん（事務局長）が、社会福祉協議会のボランティアセンターでコーディネーターをしていた時に、阪神・淡路大震災（95年）に見舞われた。市役所内のボランティア本部で、全国から救援に駆けつけた人たちと市内の困っている人をつなぐ仕事をする中で、地域の市民どうしで支える仕組みが必要だという思いが強くなり、1ヶ月余りでボランティア本部を解散した。その後の復旧活動で、行政に依存しない市民活動の拠点を望む声が高まり、それまでに培ってきたネットワークを活かして98年に宝塚NPOセンターを市民の手で設立した。その際の費用は日本財団の阪神・淡路コミュニティ基金からの助成金で賄ったが、「助成金に職員の人件費が含まれていたことの効果は計りしれず、後のセンター運営の理念を形成した」[注5]と森さんは振り返っている。1999年には特定非営利活動法人となる。

　阪急宝塚駅に隣接する商業ビルの一角にある事務所は市から減免貸与され、同じスペースに県の補助金で宝塚NPOセンターが運営する「生きがいしごとサポートセンター阪神北」がある。職員は常勤6人、パート2名（08年3月）。07年度の経常収入約4300万円の内訳は助成金・補助金50％、事業収入23％、受託収入19％、会費4％、寄付金4％となっている。

表6・2　宝塚NPOセンターの主な事業

- **法人設立運営、起業経営相談**：NPO法人やコミュニティビジネスの設立と経営相談は、実際に役に立つセンターであることを目指し、人間関係まで考察しアドバイスすることもある。
- **協働のまちづくり推進**：まちづくり協議会支援、自治体とともに地元の夏祭り運営、若者の就労支援や子ども応援事業など、地域密着型で展開している。
- **中間支援機関の育成**：全国の中間支援組織と連携し、ノウハウを提供しあいながら支援の基盤づくりを進めている。
- **ネットワークづくりと情報提供**：ポータルサイト「関西ええこと.mot」で各団体が参加しやすい情報開示の場を提供。毎月開催する阪神NPO連絡協議会の事務局を担う。
- **支援施設の運営**
　生きがいしごとサポートセンター阪神北：県に6か所あるうちの一つ。起業支援の実績は毎年30件前後。県からの補助金で運営
　インキュベーションセンター阪神北NPOハウス：全労済兵庫本部、近畿労金が04年に開設した交流スペースと貸事務所(08年3月末で8団体入居)

◆白水崇真子さん（事業マネージャー）のお話

　NPOやコミュニティビジネスには、新しい事業をニーズに合わせて展開していくという発想がもっと必要かもしれません。社会課題の解決への想いと同じくらい、ビジネスの手法を取り込む熱意も必要ではないかと思います。ただ、それらも単体の事業所では負担も大きいので、中間支援が間に立って協力しながら支えあう体制が必要ですし、私たちの役割だと思います。

　私たちが大切にしているのは相談者と同じ目線に立った相談支援です。できるだけ現場に入って相手のニーズを聞きとって一つでも役に立つこと、「来てよかった」と思ってもらえる支援センターを目指しています。皆で力をつけていこうというコンセプトでマニュアルなども公開していきます。スタッフはいろいろなスキルを持っている人が集まっているので、それぞれの得意分野を生かしています。森事務局長はコーディネート力や福祉畑のキャリアを活かした起業支援を、行政OBのスタッフは法人設立や運営の書類作りサポートといった具合です。私は職業訓練センターで長く働いた経験を生かし、求人・求職マッチング、就労支援事業を担当しました。

　NPO支援組織のスタッフでも、継続して就労できる環境としての収入を得るために、仕事を獲得するという姿勢は必要だと思います。プロとして安すぎる金額で請け負わないことも大事です。行政はコミュニティビジネスが重要だということをもっとアピールしてほしいし、公的資金もかけるべきかと思います。

事例 6・3　特定非営利活動法人きょうとNPOセンター

　㈳京都ボランティア協会がNPOを支援するNPOをつくろうと、多くの個人や団体に呼びかけ、97年に設立準備委員会を立ち上げた。ワークショップでの話し合いを重ね、企業や行政をあてにせず「市民活動を支えるのは市民」という考え方で、日本における市民のセクターにNPOを確立し広げようという思いを固めていった。

　1998年にセンター設立後、当時大学院生だった深尾昌峰事務局長が最初の専従スタッフとなる。現在の正職員は運営を受託している施設の管理者も含め15人（本部は5人）。職員はそれぞれに、本職以外にも様々な専門性の中で課題を担って活動している。1999年に特定非営利活動法人となる。

　同センター事務所は他NPOとの共同スペースの一角にあり、10時〜19時

(土・日・祝は休み）に開いている。本部にも様々な相談ケースが寄せられるが、基本的な相談業務は指定管理者として運営している京都市市民活動総合センターで行っている。全国初の試みとして2007年より京都府との相互人事交流で、1年ごとに府の職員とセンター職員との人事交流が行われている。理事長が病院名誉院長、副理事長や理事に僧侶や茶道家元が参画しているという点が特徴的である。

◆平尾剛之さん（事務局次長）のお話

　これからのNPOは、ミッションをより深く共有して持続可能な基幹事業の展開を、ビジネス的手法等を活かして行っていくことが課題です。また、ボランティア団体とは別に、NPOとしての特性・個別性を発揮して組織的・計画的・継続的な運営をしていくことも必要です。そのための支援組織（インターミディアリー）としては、資金の仲介ができなければ意味がないと思います。寄付やファンドを税と対等な大きな流れにしていくべきで、コーディネートする役割が重要となってきます。今、全国で270ほどある支援組織もその機能の中身や位置づけにおいて淘汰されていくのではないでしょうか。私たちは京都の商工会議所他ともコミュニティビジネスに関する講座開催等で連携しています。京都はいろいろな組織がコンパクトに組める要素があるので、先進的なモデルになっていきたいですね。

表6・3　きょうとNPOセンターの主な事業

- NPOの基盤強化：講座や情報提供、コンサルテーションなどの他に重要なテーマとして市民金融・市民ファンドの創設を目指してきたが、2009年3月26日、約200人の個人および団体から基金を集め「京都地域創基金」を一般財団法人として設立した。今後、公益財団となることを予定しており、活動団体に対して融資や助成を行うが、柔軟な運用を目指している。
- 交流連携：2002年にNPO法人として初めて京都三条ラジオカフェを開局し、03年より毎週日曜日10時から30分の番組「Kyoto Happy NPO」を放送中。スポンサーは、近畿労働金庫京都府本部。NPOの紹介や情報提供を行っている。
- 教育と調査研究：98年より㈶大学コンソーシアム京都[注6]と連携し、講師派遣や学生のインターンシップ受け入れ、職員が大学院で学ぶなどの人材育成を実践するとともに、プログラムづくりも手掛けている。
- 支援施設の運営
京都市市民活動総合センター：03年より京都市から運営を受託。06年より指定管理者として運営を開始
城陽市市民活動支援センター：07年より城陽市から運営を受託

2 | 専門家による設立

会計や経営の専門家や研究者が中心となって設立し、地域にはこだわらず具体的な支援を直接事業体に対して行うことや、人材の育成を主な事業としている支援組織。特定の行政との結びつきは少なく、複数の行政や民間団体からの調査等の受託事業と自主事業が主な収入となっている。

事例6・4 特定非営利活動法人パブリックリソースセンター

1980年代に市民活動が活発化する流れの中で誕生した「ネットワーキング研究会（後に日本ネットワーカーズ会議）に参加した久住剛代表理事は、県庁職員として働く一方で市民活動も行い地域からの変革を目指していた。非営利セクターの基盤構築をめざして欧米のNPO調査を重ね、NPO法、日本NPOセンターの設立にかかわったが、その後、NPOの実態をつくるには、資金と人材という経営資源の強化が必要という視点から、岸本事務局長らとともに「社会変革のための資源（＝パブリックリソース）を開発する研究所」として、2000年にパブリックリソースセンターを設立した。

表6・4　パブリックリソースセンターの主な事業

- 寄付文化創造：クレジットカードとネット銀行で寄付ができるオンラインサイト「Give One」を開設し、「誰もが所得の1％を寄付する社会」の実現を目指している。パブリックリソースセンターが審査した団体やプロジェクトの中から寄付先を指定することができる。月に総額約100万円の寄付が集まっている。
- 社会的責任投資(SRI) ➕20 のための企業の社会性評価：2000年に日本で最初に中立な立場で企業の社会性やCSRの総合的評価を行い始めた。環境への配慮だけでなく、ガバナンス、消費者対応、調達先対応、雇用、社会貢献について調査し、評価結果を金融機関に提供し投資先選定に活用されている。
- コンサルティング事業：広義のNPOを対象としたコンサルティングを行っており、コンサルティング期間は3ヶ月〜1年ほど。テーマは中期計画の策定・理事会の活性化・寄付の集め方・広報や会計等。組織の内外の環境についての評価や先進事例の収集などの情報分析に基づいて、改善案を提案する。
- NPOマネジメント支援コンサルタント養成講座：実務経験のある人を対象に4ヶ月かけてNPOマネジメントの特性、団体の課題診断、団体が改善策を自ら判断できる情報提供、合意形成のファシリテーション ➕34 技術などに関する講座を開催。前半はオンラインによる通信講座で基礎的なことを学び、後半は教室での講座と実際の現場での実習を行う。オンライン方式に変えてから、30〜40歳の若い世代の受講が増えた。

専従スタッフは岸本事務局長も含め5人。経常収入の内訳は受託事業80％、寄付・会費5％、自主事業10％、助成金5％で総額約4400万円（08年度）。

　◆岸本幸子さん（事務局長）のお話
　　コンサルティング事業については、財政力の弱いNPOでも専門家によるコンサルティングが受けられる仕組みをつくりたいと思っています。そのために、大学・NPO支援センター・コンサルタントがケーススタディを積み上げながら各団体の特性に応じた支援手法を開発し、助成財団や企業が社会貢献プログラムとして組織基盤強化に資金提供するといった「協働型支援基盤」の構築を目指しています。
　　人材育成については、支援専門家の養成講座をオンライン化して以来、全国から30代、40代の社会的事業に関心のあるサラリーマンやNPOの若手リーダーなど若い世代が参加するようになったのが大きな成果です。NPOマネジメントは、計画の策定やマーケティング、事業評価などの具体的な方法は企業と同じですが、利益でなくミッションの実現を目指すという点や、ガバナンス、寄付者やボランティアという企業にはない支援者の存在などユニークな特徴を踏まえる必要があります。ビジネススクールのNPO版を目指していますが、コンテンツの準備に5〜7年かかりそうです。

事例6・5　特定非営利活動法人コミュニティビジネスサポートセンター

　2000年6月、コミュニティビジネスやNPOへの関心が高まる中、先駆的な事業者や研究者が集まり、コミュニティビジネスに関する研究会の形で活動が始まった。2002年にコミュニティビジネスの定着と実践者の支援を目的にコミュニティビジネスサポートセンターが設立され、初代の事務局長に現代表理事の永沢映さんが就任した。永沢さんは人材育成や教育に関心があり、会社経営の経験も活かし、講演の依頼は一手に引き受けている。当初から、行政の依頼による講座・講演が主な事業であり、厚生労働省や経済産業省の会議へも参加している。
　事務所は「SOHOまちづくり」を推進する拠点である「ちよだプラットフォームスクエア」[注7]にあり、事務局長と4人の常勤スタッフは20〜30歳代である。地方からの依頼も増えていて、事務局が手分けして対応する。

表 6・5　コミュニティビジネスサポートセンターの主な事業

- ●人材育成：起業講座の開催など行政からの委託が大半を占める。団塊の世代向け講座が多く、また、「働く場がない」「高齢者の働く方法がない」など急を要する地域活性化の背景があり、依頼が急増している。独自事業としては 05 年よりコミュニティビジネスアドバイザー認定講座・コミュニティビジネスコーディネーター認定講座を毎年開催し、15～20 人の受講者がいる。アドバイザーの認定を受けるとコーディネーター講座を受講できる。これまでに 50～60 人が認定され、それぞれの地域で支援活動を行っている。
- ●コミュニティビジネス支援事業：これまでに厚生労働省、経済産業省、関東経済産業局、我孫子市、久留米市、いわき市、狭山市、北区、墨田区、葛飾区、杉並区、足立区などからの受託で実施。2008 年度に広域で展開しているものとしては 3 つある。
  ①地域新事業活性化中間支援機能強化事業(経済産業省)：関東地域における支援機関の分析や運営者向け講座、イベントを開催
  ②コミュニティビジネス推進事業(関東経済産業局)：事業者・支援機関・行政・大学・金融機関・企業等がネットワークしてコミュニティビジネスを活性化させるプラットフォームである「広域関東圏コミュニティビジネス推進協議会」[注8]の事務局を受託
  ③地域資源活用イノベーション創出助成金(㈶東京都中小企業振興公社)：助成金を希望する団体に対して申請書の書き方や計画立案などについてアドバイスやコーディネートを行う
- ●支援施設の運営
  ネスト赤羽(北区)：北区で創業する個人や法人へのオフィス提供、相談、交流の場の運営を 05 年から区より受託
  足立区 NPO 活動支援センター：相談窓口、会議室の貸出、講座やイベントを開催する拠点の運営を 07 年から区より受託

◆桑原静さん（スタッフ）のお話

　コミュニティビジネスは、地域を良くしたい、誰かの役に立ちたいという想いで始めるわけですが、お金を稼ぐことに慣れていない人が多いですね。どうやってお金を得るか、事業メニューが作れない。そこを整理するアドバイスをしています。自主事業だけで収入を増やしていくのは大変ですから、行政や企業と組むと自立できる割合が高くなると思います。

　行政がコミュニティビジネスに対するビジョンを持つことが必要です。一人がやっていても「点」でしかありません。その地域でのコンソーシアムをつくるのは、行政が中心になるとやりやすく、点をつなげていくことができますから。しかし、行政の担当者は 3 年くらいで替わっていくので困ります。コミュニティビジネスは経済の活性化や雇用の問題なので、本来は商工系に位置づけてもらいたいのですが、NPO や市民活動課の担当になっているところもまだまだあります。各地域の市民活動センターにもっとコミュニティビジネスの視点があるとうれしいです。

事例6・6 特定非営利活動法人 NPO 会計税務専門家ネットワーク

　専門家の社会貢献として NPO 法人の会計や税務の支援を目的に 2003 年に設立された。NPO 法人に関わる税理士や公認会計士が増えたものの、NPO の理念や法制度に対する理解不足があり、税務署でさえも対応がバラバラな状況にあることから、専門家が学ぶ場としての役割も果たしている。現在、全国で約 300 人が会員登録している。約 8 割が税理士・公認会計士、約 2 割が支援組織のメンバーや研究者である。年会費は 5000 円。

　年 1 回総会とフォーラムを開催しているが、主な活動はメーリングリストでの情報交換（2007 年度投稿件数は 350）と Web サイト「NPO 会計税務サポートサイト」www.npoatpro.org での情報提供（2007 年度アクセス件数約 2 万 9000）である。いわばバーチャルな組織運営で、事務所や常勤職員がないため、年間予算は 300 万円弱の規模となっている。2007 年度の収入内訳は会費収入 151 万円、民間助成金 126 万円、事業収入（会計支援業務協力・シンポジウム参加費）6 万円。

　会員はそれぞれの地域で個人や支援グループとして、中間支援組織と協力して講座や相談会を開き、コミュニティビジネスや NPO を支援している。北海道 NPO サポートセンターと神戸の NPO 会計支援センターと連携し、サイトだけではわかりにくい点について電話相談（2007 年度 73 件）も受け付けていたが、2009 年 6 月末で終了した。

表 6・6　NPO 会計税務専門家ネットワークの主な事業

- NPO 会計基準策定プロジェクト：NPO 法人の会計基準を、全国の NPO と専門家が協力して作成し、利用者や寄付者、金融機関などの関係者が適切な意思決定ができることを目指す。プロジェクト推進中に NPO などのアカウンタビリティ ⊞05 やマネジメントに関する意識を啓発し、非営利事業の品質向上を目指す。
- 情報提供：全国の中間支援組織等が実施する専門家および NPO 実務担当者を対象とした会計・税務・マネジメントに関する研修のテキストなどのサイトでの広報
- 政策提言：NPO/NGO に関する税・法人制度改革連絡会のメンバーとして、NPO 法改正や認定 NPO 法人制度などの税制改正の提言に協力。全国 NPO バンク連絡会のメンバーとしてマネジメントなど支援

◆加藤俊也さん（専務理事・東京事務局）のお話

　NPO が公表する会計書類の作成を支援することが基本ベースですが、コミュニティビジネスを行おうとしてる NPO に対しては、実務的なことだけではなく、NPO を理解して経営戦略を考えられる専門家（会計士、税理士、中小企業診断士など）を育てることが課題です。そういう専門家がコミュニティビジネスの経営を指導することが必要で、まずはコミュニティビジネスの経営者の考え方を変えて、事業を一定レベルにしなければなりません。事業計画を立てて、月次決算を出し、決算書を読むという姿勢にすることです。働き方や内部運営がしっかりすれば売り上げも上がってきます。問題は、ボランティアベースですね。対象となる NPO などはほとんどが零細企業であり、顧問料が払えない。払うべき、という感覚さえ持ち合わせていないようです。したがって、会計書類の作成や税務申告などより、高度のスキルが必要で、関わる期間も長くなるマネジメントの支援は、なおさら難しいという現状があります。

3 ｜当事者が自分たちで組織したもの

　業種ごとあるいは経営手法を同じくする団体が連携して、自分たちの事業に必要な支援の仕組みを自ら作り出している。価値観や現場の状況を共有しているため、より的確な支援策を行うことができる。運営資金は持ち寄りで自主運営している。

事例6・7 東京ワーカーズ・コレクティブ協同組合

　生活クラブ生協が 1980 年の国際協同組合同盟（ICA）大会におけるレイドロー報告（第 5 講参照）の実践を目指して、ワーカーズ・コレクティブの結成を提案したことから、東京では 1984 年に 10 団体のワーカーズ・コレクティブが発足した。その翌年に各団体の代表が「会長会」を設立すると同時に、メンバーが助け合う仕組みとして東京ワーカーズ・コレクティブ共済会も別組織として発足させた。共済会は病気や怪我の見舞金や研修補助、資金貸付などを行っている。

　1989 年には東京ワーカーズ・コレクティブ連合会となる。1993 年に中小企業等協同組合法の中にある「事業協同組合」の法人格を取得し、東京ワー

カーズ・コレクティブ協同組合を設立。2006年には、寄付金による東京ワーカーズ・コレクティブ基金を創立し、起業や新たな事業展開に対する助成も行うようになった。

　2009年3月の加入団体数は50。職種は仕出し弁当・パン製造・配食など食関係22、生協の業務受託15、保育3、企画・事務・編集等4、葬儀コーディネート2、リフォーム・採寸2、障害者と働く1、健康体操指導1となっている。事業協同組合なので加入時に出資し、運営費は各団体から毎月5000円～14000円を賦課金として集めている。食関連のワーカーズ・コレクティブが利用する共同仕入れに関しては、経費となる手数料を上乗せした利用額になっている。理事は各ワーカーズ・コレクティブから選出する。

◆柳本悦子さん（理事長）のお話
　ワーカーズ・コレクティブの共通する課題は「次世代育成」です。地域への貢献度が高くやりがいのある働き方ですが、若いメンバーが加入して事業を継続していくには、自立できるぐらいの収入が得られることと社会保険に入れることが条件となってきています。それだけの事業収入が得られるような事業展開をどのようにするかは、メンバーの経営者意識やスキルにかかってくるわけです。研修を繰り返し開催することや専門的なアドバイスができる人材育成を行っていきたいと考えます。効果的に積極的に広報宣伝する技も伝え合いたいですね。

表6・7　東京ワーカーズ・コレクティブ協同組合の主な事業

- 起業支援：講座の開催や講師派遣
- 事業支援：組織運営や会計業務、事業展開に対するアドバイス。研修や講座の開催
- 共同購買：良質の食材の共同仕入れ
- 共同販売：ホームページによるインターネット販売で、ワーカーズ・コレクティブの生産品を合わせて販売
- 共同宣伝：広報誌『せれくと』を年4回発行、パンフレット作成、ホームページ、ガイドブックなどの発行
- 保険事務代行：損害保険の団体加入による集金業務や生命傷害共済（東京都中小企業共済）の代理所
- 資金貸付：設立および新規事業に対する資金を「東京コミュニティーパワーバンク」[注9]を活用して貸付け

事例 6・8 特定非営利活動法人ワーカーズ・コレクティブ協会

　神奈川県には、193団体（2009年9月）が所属し、事業発展や設立を支援する神奈川ワーカーズ・コレクティブ連合会（1989年設立）がある。事業内容は東京ワーカーズ・コレクティブ協同組合→事例6・7 とほぼ重なるが、特長的なのは、調査や就労相談の機能を分権化し2004年11月に特定非営利活動法人ワーカーズ・コレクティブ協会（以下、協会）を創出したことである。

　障害者や失業中の若者たちからの問い合わせに応じて、時間の長短に関係なくそれぞれの力や環境に合わせて働く場、社会的弱者の就労の場となるワーカーズが増えてきた。協会では、就労困難者と各ワーカーズとの間に立って、相談、コーディネート、各種講座の企画開催などを行っている。

　ワーカーズ191団体（2009年9月）が月額1000〜10000円の会費を支払い、役員を選出。事務局スタッフ3名。事業収入1586万円（2008年度）。

　2009年3月には、協会の事業として「コミュニティキッチンぽらん」を横浜市瀬谷区にオープンした。障害者も若者も働く惣菜の製造・販売のお店である。制度を活用し助成金などを獲得しながら地域の協同組合、ワーカーズなど関連する団体や関心ある市民と連携して就労訓練に取り組んでいる。

◆**岡田百合子さん（専務理事）のお話**

　各ワーカーズが対応するのが難しい外部との交渉や広報などの役割を担っています。同質性の強い組織が異質な人たちを入れていく体制づくりも必要ですから、「心得講座」などを開催しています。また、横浜市就労支援センター、NPO、社会福祉法人、協同組合、小規模作業所などとの連携を模索中で、現在は情報交換などを行っています。

　協会の事業として始めた「コミュニティキッチンぽらん」は、半年を経過し、店舗売上は目標に近いですが、障害を持つスタッフたちが、補助的な作業から一人でできるまで調理技術を高めて、販路を拡大することが目標です。当人と納得するまで話し合い、自分の働く場として所有感を持ってもらいたいですね。公的資金も含め、一定の採算ベースに乗せることと、実践を通して見える課題を政策提言化することを大きな活動の柱としています。

　社会的な仕組みとしては、毎年契約の受託事業や補助金を最低3年間約束できること、企業や社会福祉法人が中心に担ってきた障害者の就労支援を、ワーカーズのような非営利・協同の組織にも任せてもらうことが必要です。

表6・8　ワーカーズ・コレクティブ協会の主な事業

- 社会的弱者とされた方たちの就労支援・社会参加推進事業
  ①障害者・若者を対象とした職場体験実習コーディネート事業
  ②事業者を対象とした講座・研修の開催
  ③障害者・若者と働く「コミュニティキッチンぽらん」の運営
- 調査研究：非営利・協同セクターの拡充をテーマに取り組んでいる
- 講座開催：起業講座、コミュニティワーク講座、心得講座などを企画
- 広報事業：「ハローワーコレ」、団体機関情報誌の発行など
- コーディネート：講師派遣、視察企画
- 相談事業：就労・社会参加に関する相談、起業相談など

6・3 今後構築すべき支援機能

1│課題の整理

　コミュニティビジネスの課題は大別すると、組織運営の問題と資金調達も含めた事業継続・発展の問題に分けられる。組織運営に関する課題を具体的にあげると、参画する人たちが目的を共有すること・互いの働き方や関わり方を納得すること・参加型で合意できるように会議を進めることなどがある。事業の継続と発展についての課題は、地域ニーズを捉えること・事業のノウハウを身につけ技術力を高めること・マーケティング能力を持つこと・必要な資金が得られることなどである。
　これらの課題に対して総合的に対応することが支援組織には求められている。

❶組織運営と人材育成
　コミュニティビジネスの当事者に対する支援は、講座による研修や情報誌等で啓発するのが一般的である。基礎的なことはそれでいいとしても、次の段階として分野や個々の団体の特性、メンバーたちの資質に応じた研修をどう組むかは難しい課題である。支援組織は事業体に寄り添い、当事者が自己発見し自己決定できるように信頼関係を築きながら支援のプログラムを設計する必要がある。宝塚NPOセンター➡事例6・2のように現場に入って人間関係にまでアドバ

イスできる例は少ない。東京ワーカーズ・コレクティブ協同組合⮕事例6·7やワーカーズ・コレクティブ協会⮕事例6·8のように当事者どうしでつくる連合体としての支援組織は、比較的踏み込んだ支援が可能である。

　また、きょうとNPOセンター⮕事例6·3が京都府と行っている人事交流は、支援の仕組みを行政も含めた共同事業体（コンソーシアム）としてつくるのに有効である。コミュニティビジネスの実践者が大学で学んだり、学生がインターンシップでコミュニティビジネスを体験することも進めていきたいことである。

　支援者の育成に関しては、コミュニティビジネスサポートセンター⮕事例6·5がコミュニティビジネスアドバイザー認定講座とコミュニティビジネスコーディネーター認定講座を、パブリックリソースセンター⮕事例6·4がNPOマネジメント支援コンサルタント養成講座をそれぞれ独自事業として定期的に開いている。支援組織が継続して専門家を養成することは、全体の底上げにつながっていく。

❷資金提供

　紹介した8つの支援組織のうち4団体が資金を提供する仕組みを自ら創設している。せんだい・みやぎNPOセンター⮕事例6·1の「地域貢献サポートファンドみんみん」は寄付金だけではなく土地や物品などの提供も受け付けている。寄付する先を指定したり公募したりすることもできる。きょうとNPOセンター⮕事例6·3の「京都地域創基金」は、センターの創立10周年事業として準備を進め、2009年3月に設立したばかりで、運用はこれからである。パブリックリソースセンター⮕事例6·4の「Give One」はインターネットで寄付先を指定し、カード決済ですぐ寄付できるという手軽さが特徴。東京ワーカーズ・コレクティブ協同組合⮕事例6·7は東京コミュニティパワーバンクから連帯保証の形で、加入するワーカーズ・コレクティブへ貸し付ける制度があり、さらにメンバーが個人で加入する共済会による貸付、そして寄付による東京ワーカーズ・コレクティブ基金からの助成と3種類ある。事業協同組合の組合員どうしの信頼性と、共にたすけあう仕組みという点が特徴である。

　コミュニティビジネスの資金は自分たちが出資する以外に、寄付金や助成金など「もらう」タイプと融資や私募債など「返す」タイプに二分される。支援組織としては行政や企業などの寄付金や助成金制度を斡旋するだけのところが

大半だが、上記のように自前の助成制度を創設し、事業者にとって使い勝手のいい「もらう」タイプが増えることが求められている。先に紹介した宝塚NPOセンター➡事例6・2の森事務局長の言葉「助成金に職員の人件費が含まれていたことの効果は計りしれない」は、多くの事業団体の本音を代弁するものだろう。

しかし「もらう」タイプをいつも当てにしていたのでは、事業継続は難しい。「返す」タイプで資金を調達し、その緊張感をもって安定した事業を目指すほうが実力につながる。その場合、支援組織に求められるのは資金を貸すだけにとどまらずその後の状況をフォローし、適宜支援していくことである。

コミュニティビジネスやNPOに対する貸金を専門とする支援組織としてNPOバンクがある。1994年に第1号の未来バンク事業組合が設立され、15年の間に全国で10団体（2009年6月）となった。既存の金融機関に預けたお金の使い道に納得がいかないという思いから、自分の預けたお金を、支援したい団体や地域に貢献する団体に使う仕組みとして創設されている。配当がないにも関わらず、出資総額は約6億8777円、これまでの融資総額は16億2230万円（2007年12月末）にのぼる[注10]。

相手が善意の事業者とはいえ、貸し倒れのないように審査することは当然のことであるが、融資後にどのようなフォローを行うかも問われている。

❸持続可能な地域づくりに向けた持続可能な事業展開

事業に関する支援は、ミッションや地域貢献性を大切にしながらビジネスとしての採算をどうとるか、という視点から行わなければならない。行政などからの受託事業を安く請け負わないという姿勢や、交渉のノウハウについてもアドバイスする必要がある。経済的に厳しい状況のなか、コミュニティビジネスで働いても暮らしていけるようにならないと若年層に引き継いでいくことは難しい。これは支援組織自体も抱える課題である。

❹従来の起業支援・経営支援団体の意識改革

経済産業省中小企業庁が各都道府県に設置している中小企業支援センターは財団として59団体（2008年6月）ある。産業の振興を目的に、総合相談・経営研修・人材育成・創業支援・助成金事業・情報や場所の提供などを主に中小

企業を対象に行っている。同じく中小企業庁管轄の商工会（全国2076か所、平成2007年度商工会連合会実態調査）は、経済産業大臣の定める資格を持つ「経営指導員」が常駐し、会員の小規模事業者（常時使用の従業員が20人（商業・サービス業は5人）以下の商工業者）に対して経営・金融・税制・労働など経営全般にわたってサポートする。経済産業省管轄の商工会議所（全国515か所、2009年4月）は商工会より活動分野が広く、国際的な活動も行いながら、会員である企業の成長・発展のために同様の支援を行っている。

　こういった旧来の支援組織が手掛けてきたことは、コミュニティビジネスの支援組織が行っていることと項目が重なる。しかし、目的は「産業の発展」であり、対象も中小企業とはいえ営利企業である。きょうとNPOセンターが講座開催などで京都商工会議所と連携しているが、そういった地域ごとの取り組みを重ねることにより、既存の支援組織のコンセプトが広がり、コミュニティビジネスも視野に入れるようになると、全国に網羅されている組織として大きな効果を発揮するものと思われる。

❺行政の姿勢

　関東経済産業局の調査[注2]によると、自治体内のコミュニティビジネス事業者の存在について「いる」32.5％、「いない」31.6％、「存在について把握していない」35.9％となっていて、3分の2がコミュニティビジネスを理解していないという結果である。「いない」と言い切ること自体が自治体の認識の無さを示している。

　また、コミュニティビジネスに関する担当部署については、「特に定めていない」が83.7％であり、コミュニティビジネスの事業者に対する支援や推進に関する施策に関しては66.6％が「実施しておらず、今後実施の予定もない」としている。その理由としては「地域にコミュニティビジネスの担い手となる事業者や団体がないから」52.1％、「既存の中小企業支援施策で対応可能だから」11.2％、「既存のNPO法人施策で対応可能だから」14.9％、「自治体として支援を行う財政的な余裕がないから」31.2％、「自治体として支援を行う人的な余裕がないから」25.1％となっていて、コミュニティビジネスの推進に対するビジョンを持っていないところが大半ということである。

　また、自治体の中間支援機関に対する支援活動は「情報提供などによる支援」

46.0%、「補助金交付など金銭的な支援」32.0%、「その他の支援」32.0%、「特に支援は行っていない」26.0%となっている。また、コミュニティビジネスの事業者に対する業務委託 は「行っている」15.6%、「業務委託先にコミュニティビジネス事業者がいるかどうかわからない」11.0%、「行っていない」70.9%で、コミュニティビジネスへの理解がないために支援組織と行政の協働が行われていないところが大半である。

さらに問題なのは、コミュニティビジネス事業者への業務委託による効果についてである。「経費節減効果」が 67.9%であるのに対し、「サービス内容の向上」54.5%、「市民間や市民と事業者間の交流が促進」49.1%、「地域内の雇用創出効果」34.5%、「民間ならではの斬新なサービスを市民に提供」43.6%、「市民の生きがいづくりとなり市民の活力が高まった」43.7%となっている。より良い事業効果があるにも関わらず、費用は削減されているという状況がみえる。行政は、業務の内容と効果に見合う適正な価格で委託するべきである。

調査書のまとめには、「コミュニティビジネスの認知度を高めること」「地域住民やコミュニティビジネス事業者とのコミュニケーションを図る」「コミュニティビジネス事業者を『育てる』という意識を持つ」という項目があがっているが、具体的な施策を各自治体で実施していくことがまたれる。

2 暮らしに役立つコミュニティビジネスの案内人「地域コーディネーター」養成

コミュニティビジネスを醸成する機能として、地域の身近なところに総合相談窓口をつくるという構想がある。アビリティクラブたすけあい ⇒事例4・1 と東京ワーカーズ・コレクティブ協同組合 ⇒事例6・7 が 2007 年に「トータルライフサポートプロジェクト」として検討した内容を紹介する。

これからピークに達する日本の少子高齢社会において、人間の誕生から終末までの各場面・各ステージにおける様々なケアを家族だけが担うのは難しい。多様な社会的支援が不可欠であり、どのようなニーズがあるかを例としてあげると次のようなものが考えられる。

・産前産後、働く人、病気やケガ、高齢者、障害者の自立生活を支援する家事援助

- 小中学生や高齢者に対する食事サービス、夕食の宅配
- 理由を問わない保育や一時預かり
- 地域における居場所づくり、異年齢の遊び場づくり
- 若者、女性、障害者、高齢者の働く場づくり
- 健康を維持するための親子体操や中高年向け体操
- 自宅で看取るための地域医療の仕組み
- ファイナンシャルプラン（生涯設計）、空いている家の利用、障害者や高齢者の財産管理
- 生前葬、遺言ノート、葬儀、埋葬、遺族のケアなど終末サポート

　こういった分野に対して、行政など公的機関が提供できる部分は限られている。ほとんどがコミュニティビジネスとして、またお互い様のたすけあいの気持ちで事業化しなければ成り立たない領域である。地域の相談窓口では、上記のような相談内容の解決につながる地域の機能を、公的機関やコミュニティビジネスを含めてリストアップしておき、相談者に情報を提供する。既存のコミュニティビジネスの周知と利用を促し、地域にないものは新たなコミュニティビジネスとして創出することにつなげていくという仕組みである。

　相談窓口の担い手としては、研修を受けて相談業務のスキルを取得し、地域情報を把握する「地域コーディネーター（相談員）」を養成する。相談のできる場所や窓口を置く所は、事業としての採算性を考慮し併設するコミュニティビジネスもあわせて考えなければならない。相談事業からは収益が見込めないが、情報の受発信の拠点でもあり、「利用したい人」と「利用してもらいたい人」、「働きたい人」と「働く人を探している人」をつなぐ役でもある。公的機関が場所を提供し、事業経費を援助するなどの支援があると開設しやすくなる。

　このビジョンを共有し、各地域で実践する人を増やしていくことは、これからの課題となっている。

3　社会的な基盤整備に向けて

　コミュニティビジネスは市民が主体的に起こすものであるが、それを後押しする行政の施策としてはどのようなものが必要だろうか。海外の事例も含め、先駆的なものを紹介する。

❶社会的企業やコミュニティビジネスを公的に支援する法律

韓国では2007年に「社会的企業育成法」が施行された。この法律は法人格に関わらず、社会的企業つまり「脆弱階層に就労を提供するか社会サービス（教育・保健・福祉・環境および文化）を提供」し、「地域住民の生活の質を高めるなど社会的目的」を追求する企業と認証されると、次のような支援が国から受けられる[注11]。

・運営に必要な専門的知識や経営、技術情報の提供
・必要な土地、建物の費用の融資や公有地などの貸与
・公共機関による優先購入
・租税減免や社会保険料の一部助成
・人件費、運営費などの助成

2009年6月現在、法令に基づいて認証を受けた社会的企業は200余となっている（日本希望製作所[注12]）。この法律に基づき、韓国では積極的な育成政策が予算化され、韓国内での学習会や日本への視察が相次いでいる。日本にも法人格に関わらず事業内容が「社会的で地域貢献に富む」と認められた事業体に対して、税制優遇や行政からの優先的委託・人件費や物件補助などを行う法律や、自治体ごとの条例を制定することは、コミュニティビジネスの振興につながる。

❷地域の中で資金を回す仕組みづくり

資金提供の項目で紹介したNPOバンクは、市民が資金を出し合い非営利の市民事業に対して融資を行っている。基本的に融資対象者は当該の都道府県内であり、地域で集めたお金を地域で使う形である。こういった非営利金融が日本の法律では残念なことに営利目的の金融機関や貸金業と一緒に扱われ、悪質な業者を取り締まるための規制を同じようにかけられようとしている。貸金業者の登録に必要な純資産が、団体の場合500万円から5000万円に引き上げられる点については、全国NPOバンク連絡会[注13]の活動により、出資者に利益配当を行わないなどの条件を満たせば規制対象外とすることができた。しかし、新設される指定信用情報機関に加入し、貸出先の個人情報を登録する義務については、2009年9月の段階ではまだ適用除外とはなっていない。運営に関して脆弱な財政基盤であるNPOバンクが高額な登録料や費用負担を強いられるのは、

存続の危機につながる問題である。また、社会貢献を目的に融資を受けた個人は、いわゆるサラ金で借りている人と同じレベルで扱われ、個人的なローンが組めなくなるなどの不利益が予測されている。全国NPOバンク連絡会では、この適用除外と共に、日本の中に新たな非営利金融システムを制度として位置付けることを求めている。

地域で資金を回すことを制度化したものとしては、1977年にアメリカで制定された地域再投資法（CRA法）⊕28がある。金融機関に対して地域発展のために一定の割合を地域に投融資することを規定している。その資金供給の実施機関であるコミュニティ開発金融機関（CDFIs）⊕12はNPO・小規模事業者や低所得者層に対し融資を行っているが、CDFIsを支援する公的基金が1994年に設置されたこともあり、96年に115機関だったものが625機関（2003年）と増加した注14。 CDFIsはイギリスにも約80あり、支える公的制度としての基金「フェニックス・ファンド」が99年に設立されたが、ブレア政権の政策変更により2006年3月で終了した注15。

日本でも、NPOバンクを貸金業と同列に扱って規制するのを止めるのはもとより、NPOファンドを醸成し支える公的制度を整えることが求められている。

❸個人の所得を補償する仕組み

個人に生活のための最低限の所得を保障するベーシック・インカム⊕36という構想がある。基本的な生活費を給付するという、いわば国民全部に年金を支給するような制度だが、富の再配分を思い切って行う方法の一つではないだろうか。この制度が実施されると人々の働き方の選択肢が広がる。「労働の人間化」注16が進み、コミュニティビジネスのような「やりがいや充実感は得られるが充分な収入が見込めない」分野に、もっと多くの人が関われるようになる。

日本における導入を真剣に議論する価値があるのではないだろうか。

≫設問≪
1) 自分がビジネスを始めようと想定した時、どのような情報・支援があればいいと考えますか？ できるだけ列挙してみましょう。
2) あなたの住む地域に、起業に関する相談場所はどんなものがありますか。

第 7 講

コミュニティビジネスと
まちづくりの新たなる展開

木下　斉

＊

本講では、コミュニティビジネスが切り拓く新しいまちづくり事業について検討します。これまでまちづくりは、行政のお金をあてにして地域で取り組まれてきました。コミュニティビジネスの登場によって、事業的なまちづくりが生まれてきています。地域課題に活動ではなく、事業として取り組むコミュニティビジネス型のまちづくりに目を向け、今後の発展の可能性について考えます。

7・1
従来型まちづくりの終焉と新たな胎動

1 │ 補助金依存のまちづくり

　これまで、まちづくり活動の多くは成功事例と補助金制度に依存した展開を中心としてきた。

　我が国では、政府における各省庁でまちづくり関連予算を組み、さらに都道府県、市町村といった自治体においても予算を組んでまちづくりを推進している。これらの予算の活用方法としては、「成功事例」を参考にしてメニューを作り、「補助金」をつけて実行するのが一般的になっている。民間側もまちづくりは行政の仕事、という基本的な考え方を持って予算依存を基本としてきた。

　当然ながら、様々な支援政策があることは、基本的には悪いことではない。まちづくりという財源確保が困難かつ公益性が認められる活動に対して、行政セクターが一定の支援を行うことは理にかなっていると言える。その一方で、実態としては行政による補助金の支給基準と民間側の補助金依存体質といった官民双方の意図や実態がかみ合わずに、まちづくり事業そのものの健全なる発展を阻害していることも見られる。

　地域活性化において重要なのは、地域主導の戦略設定に基づく事業展開である。自らが考えた戦略に基づいて必要な事業展開を行っていくために適宜補助を活用することが望ましい姿である。必要がない事業を補助金目的で実施することは、地域内の人材や自己資金といった資源をすり減らすことになり、必要な事業の阻害となる。ハード事業においては補助目的で無用な施設を作り、維持運営費に苦心することにつながっている。またソフト事業においても、無用なイベント事業をつまみ食いのように続けることで疲弊するなどの問題を生んでいる。

　地域側の問題を整理して優先順位を明確にし、必要な事業を推進することがすべての基本である。補助金依存になるのではなく、地域による主体的な課題解決の考え方、新たな新規事業の創発型の取り組みを推進する上でコミュニテ

ィビジネスは重要な方法となる。

❶補助金依存の課題

　主として補助金依存のまちづくりの問題点は3つある。

　一つは、補助金を前提とした事業モデルを作ってしまうことで、将来も補助金をもらい続けないと持続できない事業になってしまう点である。まちづくりに取り組む民間団体側は、初期の事業開始時に自ら集められる予算に限りがあるため補助金を活用する。その際に補助金収入も含めて成り立つ事業モデルで企画をまとめ、事業提案を行う。

　しかし行政側は将来継続的に補助金を出し続ける事業は基本的には存在せず、三年継続、長くとも五年継続といったものが一般的である。つまり行政側の意図は「初期は補助で支援するが、その後は自立するようにすべき」という考え方に基づいている。

　この双方の補助金活用は、結果的に多くの場合双方に矛盾が生じて、補助金終了とともに中止されるものが多くある。それは事業を通じて生じる「利益」に関する取扱いの問題である。補助金を受け取っている期間中は、基本的に利益を出すことは良くないことと扱われるため、事業モデルが「補助金収入を入れて、利益が出ない形」で組み立てられる。一般的に補助金は税金のため、民間で利益を生むために活用することの制約が大きい。

　具体的には、月間50万円の経費がかかる事業に、事業収入として30万円、補助金収入として20万円が支給されていたとする。これが補助金支給期間中は、必ず50万円の経費を使い続けて、プラスマイナスゼロとし利益が出ないようにしなければならない。結果として、補助金収入20万円が打ち切られた後には、一気に毎月20万円の赤字を生み出してしまうことになる。さらにそれまで利益を出していないため手元に貯めて置いた資金もなく、経営者が自ら持ち出しのお金を用意するか、融資を受けなくてはならなくなる。事業は急には変わることもできないのである。

　そのため、理想的には補助金期間は利益を出さず、補助金が打ち切られたら速やかに利益が出るようにしなければ民間事業にならないのだが、このスイッチングが上手く機能しないのである。民間側はこのような課題を受け止めた上

で補助金を受け取り、事業モデルを設計する必要があるのだが、未だにこの問題解決につながっているケースは乏しい。

　2つ目は、補助金メニューへの依存である。

　補助金は一般的に「メニュー」と呼ばれる活用例に基づいて設定される。例えば、空き店舗対策でのチャレンジショップ 31 事業、地方における農家が都市からの観光客を受け入れるグリーンツーリズム 07 事業など様々な事業モデルに併せて補助金が支給されている。このようなメニューがあることで活用しやすい反面、メニューが設定されていることによって各地域のまちづくり関係者が地域課題を考えずに補助金目的で事業にとりかかることも多い。つまり地域の必要性の如何に限らず、メニューに沿って事業を行うというマニュアル型の事業が多くなっている点である。これも行政側は補助金の活用方法を明確に示して促進する狙いであったものが、民間側が自ら考えずに、また申請も通りやすいメニュー通りに行うといった、双方の狙いに齟齬が出ている例である。結果として、各地域独自のゼロから構想された事業がなかなか生まれにくい問題がある。近年は独自プランを競わせて補助金が支給される、いわゆる提案競争型の補助金も出てきているが、官民双方まだメニュー型の補助金をベースとしている場合が多い。

　3つ目として、補助金支給を受ける際の様々な管理コストの問題がある。

　まちづくり組織の多くは、脆弱な活動組織であることが多い。常勤スタッフがいるケースが少ない中、補助金支給を受け取る際には、しっかりとした体制が求められる。公的資金を受け取るため、支給した経費の記録からその支給判断の基準などをしっかりと定めて運用する必要があり、支給された内容に関して報告書を作成する必要が出てくる。これによってまちづくり組織の多くは、年度末・年度初めの期間は忙殺されるという実態を覚悟する必要がある。行政側も可能な限り柔軟な運用を行う必要があるが、様々な不正受給を受ける団体などが出てくることによって管理業務がより厳しくなっている。そのため、民間側では事前の対応策をしっかりと講じて、補助金受給によって事業が滞ることのないようにする必要がある。

　このように補助金依存のまちづくり事業を推進すると、留意すべき点が様々に出てくる。

本質的には当然ではあるが、あくまで補助金は「補助」であって「主」になってはならないのである。しかしまちづくり組織の多くは、初期の事業モデルを当然のように補助金依存モデルに設計してしまうことが多く、それが故に拘束される様々な課題に関しても事前に覚悟していないことが多い。

　今後のまちづくり事業を育てるためには、純粋に民間としての事業モデルを設計し、その上で効果的な補助金の活用を、使うか使わないかも含めて検討する必要がある。補助金依存ではなく、事業を立ち上げて適切に補助金を活用する形へと転換していくことが求められている。

❷変化する補助金とまちづくりの関係

　このように課題を抱える補助金とまちづくりの関係性は、行政側からも変化が生まれつつある。一つは、従来は条件を満たした事業に対しては支援をしていた補助金を、競争型に変更するものが多くなっている点である。競争型とは、企画提案を行ってその内容審査の上で補助金を支給するものである。従来のメニューに縛られる必要性がなく、競争によって地域の独自性などが生まれやすいものとなる。

　さらに、補助終了後の事業継続性の問題に対しても内容審査項目となることが多くなっており、あくまで事業継続できる事業の初期支援として補助金を位置づけているものが増加している。そのため3箇年の継続支援の場合にも、初年度が最も補助率が高く、徐々に補助率を下げて無理のない自立を後押しする補助金制度も一部で見られるようになっている。

　このように補助金を支給している行政側においても、補助金とまちづくりとの関係性を見直す流れが生まれている。

2 新たなまちづくりの胎動

　ライフスタイルの変化による都市構造の変貌によって、都市の中心部や地方都市は衰退を続けてきている。また一部改善が見られる補助金依存によるまちづくり事業も、未だその多くは継続性を確保できないまま衰退に対応できたものは決して多くない。

　このような中、コミュニティビジネスのような事業型まちづくりへの注目は

高まっている。

　従来のまちづくりの多くは、主として自分たちで拠出する負担金と補助金の組み合わせであった。しかし事業型まちづくりは、事業を通じて独自収益を確保することで自分たちによる負担金や補助金への依存度を下げ、独自の経営力で継続性を確保することを目指すものである。

　まちづくり事業は、地域に存在する課題に対して何らかの商品・サービスを用いることで解決を目指し、その受益者や支援者から対価を受け取るモデルを作る。地域における子育てスペースが必要であれば、その利用者などから会費や利用料金を受け取り、経営を行っていくのである。補助金で収入をまかない、利用者に無料提供する方法もあるが、利用料金などを徴収しても可能な運営スタイルを作ることが重要である。利用者が対価を支払いそうにない場合には、商店街の利用金額に応じて無料券を発行するサービス、周辺のドラッグストアと提携して子育て世代が必要とするおむつ等の共同購入割引などメリットを作っていく努力をする。

　このように経営的な努力を通じてサービス内容が向上し、従来の「補助金をもらって無料にすればいい」といった短絡的なものではなく、様々な主体間にとってプラスになるまちづくり事業をつくる知恵が出てくる。安易に予算に飛びつくのではなく、独自のモデルを作っていくことが事業型のまちづくりには期待されている。

　一方で、事業経営によるまちづくりも万能ではない。

　事業収益を生むためには、補助金事業よりも高い対価を得られるように付加価値を作らなくてはならない。例えば、補助であれば公的予算によって無料提供されるサービスが、事業性を求めるとサービス対価を利用者や支援者といった民間側が支払う必要がある。この際に「無料であれば使いたいが、有料であれば使いたくない」という意見も出てくる。つまり、一般的な公共サービス以上に付加価値をサービスにつける必要に迫られる。さらに事業収益を地域に効率的に再投資することと、株主などへの配当や負債返済とのバランスを維持していくことも事業経営を通じてまちづくりを推進する際の課題となる。

　また、まちづくりは事業として行うべきではないといった思想的な反対もある。つまり地域活性化を行う上で事業といった方法を用いるのではなく、あく

まで行政を基礎として推進すべき、もしくは地域からの対価ではない負担金によって推進されるべきであるという考え方である。もちろんすべてを民間が事業で行うことで、地域に必要な課題解決が可能になるわけではない。民間での事業的努力、行政による施策としてのまちづくり双方が互いに役割を果たしてこそ、地域課題は解決されると言えるだろう。

しかし根本的に補助金に依存し続ける限りは、地域課題の解決は公的予算が打ち切られると同時に問題解決も止まってしまう。コミュニティビジネスの役割は「有償であっても利用したい地域サービス」を実現し、公的支援に依存することなく自立的かつ継続的に事業経営を行う、公共サービスとは異なる地域課題解決である。

様々な主体が取り組む事業型まちづくりについて、具体的なケースをもとにその傾向について考える。

事例 7・1 熊本城東マネジメント株式会社

熊本市中心部の商店街では従来の補助金依存型事業から脱却し、地域活性化を目指すためにまちづくり会社・熊本城東マネジメント株式会社を設立している。

同事業では、商店街の地区にある複数中小ビル経営をオーナーに代わり一括的に実施し、これまでよりも高いサービス品質の確保と、従来より安い金額での契約でコスト削減を実現している。まずはまちのゴミ問題を解決するため、加盟ビルから排出されるゴミ処理に関して入札を実施し、従来と比較して200万円近く低い金額での契約を実現。その200万円から一部をまちづくり基金として積み立て、路上清掃に必要な機材購入や活動資金として再投資している。また一部を各店舗に還付することで利益増加にも貢献することで、事業に参加するインセンティヴを明確に設けている。来街者にとっては、きれいなまちが実現され、地元の事業者にとってコスト削減とサービス品質の向上に寄与しており、地域全体にとってプラスに働いている。

本事業では地域の不動産や店舗経営の業務効率化を通じて、自立的な財源を生み出し、それをベースにして活性化事業を展開している。

事例7・2 企業組合中央青空企画

　熊本県荒尾市において空洞化した商店街で直販所を経営し、地域オリジナルブランド商品販売や地元農家と提携した野菜などを販売。郊外店に買い物に行けない高齢者が徒歩で利用できる「徒歩圏マーケット」として発展し、現在では市内に3か所の拠点で事業を運営している。

　従来の空き店舗対策は補助金に完全に依存し、その多くは補助期間中だけ経営されてその後は閉店してしまうものが多くあった。徒歩圏マーケットは、高齢者にとっては厳しい地方都市の生活を解決する方法として、限られた顧客を対象に経営が成り立つモデルを作り、事業収入による自立的な店舗経営モデルを樹立した。結果として、現在も継続的に運営されている。従来の補助金依存型のチャレンジショップや高齢者福祉サービスでは実現できなかった、地域で安心して生活に必要な商品サービスが受けられるモデルが、民間によって継続的に運営されるコミュニティビジネスモデルとして作られたのである。同事業は、2008年度地域再生事業総務大臣賞を受賞している。

事例7・3 特定非営利活動法人かながわ福祉移動サービスネットワーク

　神奈川において複数のワーカーズコレクティヴ団体が集まり、高齢者や障害者のための移動手段提供を行っている。一般的な公共移動手段やタクシーなどだけではカバーできない移動サービスを個人・団体が協同することによって提供。研修を修了すると国土交通大臣認定を受けることができる運転者認定研修事業を実施し、民間によるサービス品質の改善にも努めている。

事例7・4 特定非営利活動法人グリーンバード

　まちの清掃を皆で行うプログラムを実施して、クリーンできれいな環境実現を目指すNPO。参加したい時に参加するボランティア協力スタイルと、ユニフォーム等を企業の広告宣伝と組み合わせることによって事業収入を得る独自の事業モデルを採用している。当初は東京表参道地区から始まった取り組みであったが、現在は全国各地に支部が展開されている。

　清掃活動の多くは公共サービスと、自分の店の前や自宅の前を清掃する人々の努力によって成り立ってきた。しかし近年ではポイ捨ての増加などに

よって、従来の方法だけではストリートのクリーンさを保つことができない状況が生まれている。そこでグリーンバードでは、清掃ボランティアを効果的に集める独自のスタイルを作り若者を中心にネットワークを広げている。統一されたユニフォームには協賛企業のロゴが入り、事業収入の柱となっている。これによってユニフォーム代金やNPO運営資金、ごみ処理費用などを自立的にまかなっている。

清掃活動という地域の基礎的な取り組みを、ボランティアと企業協賛とを組み合わせることで魅力的な発展を遂げている事例である。

このように身近な地域課題に対して、公共的な支援だけに依存するのではなく、独自のビジネスモデルを通じて地域サービスを提供し、解決に結び付けている。熊本城東マネジメント➡事例7・1では地域商業活性化に必要な経営効率化とまちづくり活動に必要な財源確保を同時に実現し、継続的な活性化事業を推進している。中央青空企画➡事例7・2では、空洞化によって不便を強いられていた地域高齢者に日常的な購買の場を提供し、直売による地域農業への好循環、さらに店舗による雇用創出にもつながっている。かながわ福祉移動サービスネットワーク➡事例7・3は、公共サービスや民間事業だけでは補え切れない地域における高齢者・障害者へのサービス提供を連携して実現している。グリーンバード➡事例7・4は、地域清掃という活動をより効果的に運営するための事業モデルを作り、全国区で展開している。

このように地域課題を従来のまちづくり活動としてではなく、事業的に解決を図ることで持続的に解決に向けて取り組んでいる事例は様々なところで見られるようになってきている。

7・2
まちを変えるコミュニティビジネス

1 | コミュニティビジネスによる、経営からのまちづくり

従来進めてきた補助金依存型まちづくりから、コミュニティビジネスによる

事業型まちづくりへの転換は、これまで解決できなかった地域の衰退を食い止め、さらに活性化することに期待が集まっている。前述の通り、すでにその胎動は各所で現れているが、コミュニティビジネスのまちづくりに寄与する構造について整理する。

❶事業による自立性の確保

　これまで述べてきたように、従来のまちづくりは地域状況を考えずにメニュー化された事業に取り組み、一般的な公共施策同様に毎年予算が支給されなければ継続が不可能になるという問題点があった。これを解決するためにコミュニティビジネスへの期待が高まっている。コミュニティビジネスは、独自の事業システムによる課題解決を図るところに価値がある。事業システムとは、ある商品やサービスを顧客に対して、対価を得ながら継続的に提供し続けることを指す自立的な循環を指す。

　コミュニティビジネスは地域にある様々な経営資源を導入し、組み合わせてwin-win ➕03 の構造を作る。win-winとは、かかわる人材や組織が互いに納得して資源を出し合い、解決に取り組む構造である。一方だけが不利になっても事業は成り立たない。資金を提供する、人材を提供する、組織を提供する、設備を提供する、情報を提供する、という様々な経営資源を互いに出し合い、それが交換される構造を作る中で、地域課題解決が果たせるようにするのである。

　先の先行事例もこれらの構造を巧みに地域に作り出すことで、成果を上げている。

　中央青空企画➡事例7・2 では、地域外から来たマネジャーが知恵を出し、地元の人々が初期資金を出し合い、空いた店舗を利用して、地域の生産者が商品を供給、地域の利用者がそれらを購入して（対価を支払い）全体を運営させている。互いに提供できるものを持ち合って、地域課題解決につなげているのである。このようなモデルこそがコミュニティビジネスによる地域課題解決の基本的な構造である。地域にある課題を、地域内外の資源を有効に活用して解決に導いていくことができる。さらに事業的な基盤があるため、補助金などに依存することなく継続的に運営が可能となる。これは、互いにwin-winの構造が築けているから実現できる方法論である。

グリーンバード●事例7・4も同様に、ボランティアは労働力を提供し、企業はプロジェクトに協賛してスタイリッシュなユニフォームを作り、まちは場所を提供する。これらが結びついて、計画的な地域の清掃水準を高め、来街者満足度を高めるのである。

　従来の行政によるまちづくりや、民間によるまちづくり活動とも異なる、コミュニティビジネス型のまちづくりは、このようなwin-win構造を作り出すところにその基礎的な価値がある。我々が新たなコミュニティビジネス型のまちづくりを推進する際には、地域課題解決のためのwin-winモデルを構想することから始まる。

❷資金調達、投資、利益創造の事業サイクル

　さらにコミュニティビジネスは成長していくことが必要である。過度に規模の拡大を求める必要はないが、一定の事業の拡大再生産を確保するほうが、地域にとっては好ましい。成長とは、一つの事業を育てるだけでなく、一つの事業から得られる収益を新たな地域課題解決のための事業に投資するのでもかまわない。しかし、事業から生まれる資金を有効に地域で再循環させることは必須である。

　ここで、事業を通じて資金循環について考えたい。

　あらゆる事業活動は共通した資金循環の流れを持っている（図7・1）。

(a)事業に必要な資金を調達する

　事業を始めるに当たり必要な資金を集めなくてはならない。コミュニティビジネスであっても、小規模であっても必要な事業予算はある。地域関係者から

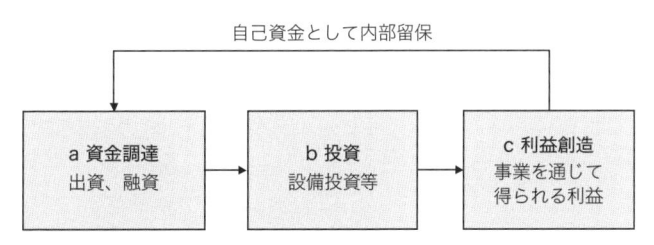

図7・1　事業サイクル　民間企業等と同様に、「資金調達」「投資」「利益創造」の3サイクルを回していくのが、事業活動の基本である。この3つのテーマで事業管理をしていくことが重要である。

の出資、金融機関からの融資など様々な手段で集めなくては、事業は始まらない。

(b)集めた資金を投資する

　集めた資金は、事業に投資する必要がある。投資とは「回収できる見込みのある資金の利用」である。一般的な消費ではなく、しっかりとリターンを期待して資金を投入する。これによって、将来的に利益が見込めるのである。

(c)投資から利益が生まれる

　投資した事業から利益が生まれ始める。利益によって組織は、その資金を再度(a)の資金調達に廻して必要な投資に活用することができるようになる。コミュニティビジネスにおいても、利益を生み出すことで金融機関からの借り入れや補助金による補填の必要性が低下する。

　まちづくりでは、事業的な資金循環をどのように行っていくのか意識が非常に希薄であった。しかしコミュニティビジネス型のまちづくりにおいてはこのような方法論を常に考えて取り組む必要がある。

　熊本城東マネジメント ➡事例7・1 はこの資金循環を意識して作られているコミュニティビジネスである。地域活性化を生み出すために必要な資金を、同組織では地域内の店舗経営やビル経営に必要なコストを削減することで差益を生み出し、それを財源としている。これは地域内の様々な中小事業すべてが普遍的に(a)から(c)の循環を果たそうとしていることを意識し、(c)の利益創造に寄与する事業モデルを作り、加盟店舗・ビルが確実に事業的にプラスに転じるコミュニティビジネスを作っている。さらに生まれた利益のすべてを各店舗・ビルで使うのではなく、一部をまちづくり基金として地域全体の投資に活用することで、実施している事業以外の地域課題の解決を目指すという投資サイクルを生み出している。

　このように事業経営の基本的な資金循環を意識すると、地域課題解決において「どの事業が収益を生み出すか」わかるようになっていく。

　我々はwin-winの構造を作った上で、事業モデルから得られる事業収益の核を作り、資金循環を作る必要がある。資金循環を作ることができれば、さらにコミュニティビジネスの自立性が高まり、地域課題解決を継続的に行ってい

くことができる。

❸プロジェクトマネジメントによる事業実行力

　まちづくりを活動から経営に変えるためには、事業モデルを構想するだけでなく、着実に実行することも不可欠となる。まちづくり事業で成果を上げている多くの事例では、構想から実行までのリードタイムを巧みにコントロールするプロジェクトマネジメント力にも優れている特徴がある。経営力はモデルを考えるだけでなく、行動に移すことが重要である。

　プロジェクトマネジメントがない場合には、事業構想から事業実現までに多くの時間を費やし、地域課題がより深刻化し、関係者のモチベーションも著しく低下することがある。計画倒れに終わるまちづくり活動が多いのも、プロジェクトマネジメントの不在に起因するものが多い。

　つまり活動型と事業型とのまちづくりの違いは、事業モデルを持っているだけでなく、それを実行するプロジェクトマネジメントの有無も重要な点である。

　プロジェクトマネジメントとは、現在から事業開始までの時間において、「作業」と「役割分担」を明確にして管理する方法論である。事業として取り組むからには、明確に作業と役割を明確化し、すべてに期限を設けて管理していく。どのように皆が作業をしたら、事業が開始できる環境にまで到達するのか、しっかりと設計して進める。結果として、スケジュール通りに事業開始を行うことができるのである。

　従来のまちづくり活動型の会議では、互いに意見をすり合わせる意見調整の場となっていることが多かった。しかし事業型のまちづくりは、意見調整だけでなく、互いの状況を把握してプロジェクトの進捗を確認する場として機能する必要がある。プロジェクトマネジメントは、そのようなメンバーのコミュニケーションの羅針盤としての役割を果たす。

　なぜまちづくり事業においてこのように期限を意識するか。それは、事業の遅延はそれだけ地域課題解決を遅らせることになると同時に、運営上の事業損失を招くからである。地域課題は常に悪化し、さらに組織運営において事業開始が遅延すると損失が増加し、最終的にはまちづくり事業に取り組めないことさえ考えられる。まちづくり活動では遅延を容認してしまうことも多くあった

が、しっかりと時間をコントロールする必要がある。

　先行事例のいずれも事業遅延が起これば、事業運営の基盤としている事業収入は失われてしまう。また地域課題をせっかく解決していたものの、遅延したことによって事業に空白の期間ができ、事業を頼りにしていた地域の方々からの信頼を失うことになる。

　また遅延だけでなく、品質の問題もある。提供するサービスの品質維持もプロジェクトマネジメントにおいてカバーすべき領域となっている。しっかりとしたサービス品質を維持しなければ、遅延同様に地域課題解決に欠陥が生まれるほか、地域の方々の信頼を失い、その後の継続が困難になることもある。

　このようにまちづくり活動だから良い、といった水準を超えて、一つの事業としてまちづくりが機能し始めると同時に、その管理が非常に重要になることを認識する必要がある。

❹ **事業収益、負担金、補助金の三位一体**
　コミュニティビジネスといった、地域事業を通じたまちづくりは、持続的にまちづくりを推進する上では不可欠な方法と言える。しかし重要なのは、単に事業として孤立して推進することではなく、事業収益を経営基盤としながら、地域の参加者からの負担金（出資や融資や会費など）、行政からの補助金を効果的に組み合わせ、必要とする人たちへのサービス向上に努めることである。それが結果的に、地域課題解決につながっていく。

2 ｜ 成長が期待される事業型まちづくり会社

　事業を基礎において地域活性化を目指すまちづくり会社[注1]が、注目を集めている。従来、まちづくり会社は第三セクターと呼ばれる、行政と民間がともに出資して設立したものが多く、補助金などの公的資金に依存した経営を行ってきたものが多かった。

　しかし近年実績をあげるまちづくり会社の多くは、地域の多くの人からの負担によって設立し、その後は事業経営を通じて経営基盤を確立しており、投資資金を圧縮するために補助金を活用している事例が見受けられるようになっている。

この背景には、行政の財政悪化がある。予算が潤沢にある時代には、赤字を出し続けるまちづくり会社に予算を増額して拠出して経営を支援することができた。しかし現在のように財政難の時代には、そのようなことはできず、可能な限り自立して経営することを行政側も当然ながら求めるようになっている。
　民間主導型のまちづくり会社設立も増加しており、かつてのように行政が筆頭株主などではなく、市民や地域企業が少しずつ資本金を拠出する事例も増えている。その際には、事業としての自立性が求められるとともに、場合によっては配当への期待に応える必要がある。
　このような背景からまちづくり会社も収益を生み、自立的に経営していくことが広く求められるようになってきている。

❶事業型まちづくり会社の実態

　事業型まちづくり会社✚15とは、これまで述べてきた事業型まちづくりを基礎において経営を行っている組織である。その活動範囲や規模は組織によって異なり、都市中心部の都市開発から経営までを担う場合から、地方の過疎化が進む地域における地域活性化事業を目的に設立されたものまで多様である。主として、ここでは都市中心部において活性化事業に取り組むまちづくり会社を中心に取り扱う。
　2007年に実施されたアンケート調査[注2]によると、主な収入源として44％のまちづくり会社が「事業収入」と回答し、次いで29％が公共施設等の管理委託収入、15％が助成金・補助金収入と回答している。事業収入としては、所有している不動産からの賃貸料が最も多く、次いで商品販売を通じて得ている物販売上となっている。管理委託収入としては公共公益施設の管理委託収入が最も多く、次いで駐車場管理収入、商業施設の管理収入となっている。このように、まちづくり会社は実態としても事業で収入を得ることが主流になっていることがわかる。
　しかしながら、まちづくり会社の組織は未だ脆弱なものが多い。専従職員数は5人未満のものが47％を占めており、給与を支払っている職員を抱える組織も51％と半数程度に留まっている。
　今後は事業収入の内容を柔軟に変更させ、地域にあった事業収入の充実を果

たしていく必要がある。

　専従者が安定的に、まちづくりに取り組める環境を実現することによって、地域課題の発見、解決の流れを加速することができる。

❷事業型まちづくり会社の経営

　事業型のまちづくり会社はどのような経営を行っているのか。まちづくり会社として、様々なコミュニティビジネスを展開することで事業収益を生み出していくことが求められている。

　地域活性化を果たすための事業展開としては、一つは地域外から人やものを運んでくる事業（観光等）、もう一つは地域内の需要を取り込んでいく事業（住宅供給、福祉・教育サービス等）の2つの流れが主にある。成果を上げている事業型まちづくり会社を取り上げ、これらの事業展開について考える。

事例7・5　出石まちづくり公社

　出石まちづくり公社では、歴史的建造物や町並みを活かした観光を切り口にした活性化事業を展開している。同社では、観光センター、店舗経営、旅行代理店業、駐車場経営など観光に関わる事業を立ち上げている。これら各種事業収入を組み合わせた展開によって、売上高は1.5億円を超え、地域住民等から構成されている株主への配当を2〜3％程度の配当性向で行っている。

　地域外からの観光客を効果的に受け入れ、誘致から地元での消費行動を含めてトータルに事業化することによって、コミュニティビジネスとして成立している。また同社だけでなく、周辺にはそば屋などが立ち並び、観光客を軸にした産業としての広がりを形成している。

事例7・6　高松丸亀町まちづくり株式会社

　高松市・丸亀地区は、商店街が中心となり中心市街地の活性化に取り組んでいる。商店街組織とは別に高松丸亀町まちづくり株式会社を設立し、一般的な出資だけでなく信託などを活用した資金調達などで先進的な取り組みとしても知られている。同社では、従来の商業施設だけでなく、中心市街地に

おける住宅供給やサービス産業の集積を目指して大規模再開発などを実施している。

中心市街地の地価は高いため、定期借地権（期間限定で土地利用権を借り受ける方法）を活用して安価に土地をまとめてその上にビルを建設。低層階は商業利用し、高層階は定期借地権型分譲住宅を建設している。定期借地権型分譲住宅にも関わらず即完売し、今後建設を計画している再開発施設にも同様の住宅機能を検討している。

また単に住まいを用意するだけでなく、食品購入が可能な場所を確保するために地元産品が購入できる市場、医療福祉サービスを充実させるためのメディカルモールの整備などが予定されている。さらにはファミリー層の定住を目指して廃校となる小学校の払い下げ交渉を行うなど、商業のみならず、人々が暮らすために必要な機能を地域全体で整備していこうとしている。

まず住宅供給をベースにして地域内に住む人自体を増やし、なおかつ彼らへの生活すべてに関わるサービスの提供を通じたまちづくり会社の経営を事業的に行っているのである。

このように、地域外、地域内に目を向けてまちづくりを事業として取り組んでいるまちづくり会社はすでに存在している。単に計画作りやイベントだけでなく、恒常的に地域活性化に取り組むことによって着実に地域課題解決につながる点が重要である。

しかし一方で、まちづくり会社単独での事業には限界もある。すべての事業をコングロマリッド（複合企業）のように抱え込むことは難しく、適切に他のコミュニティビジネス組織と提携して多様なサービスを地域全体に提供していく協業の必要性がある。

3 │ コミュニティビジネスとの戦略的提携

まちづくり会社のように地域全体を活性化する事業だけでなく、コミュニティビジネス組織の中にはより特化した領域、防犯、清掃、福祉、医療、教育などのカテゴリごとに地域で事業を展開している組織が存在している。まちづくり会社のような組織も単独でこれらすべてを立ち上げるのではなく、適切にこ

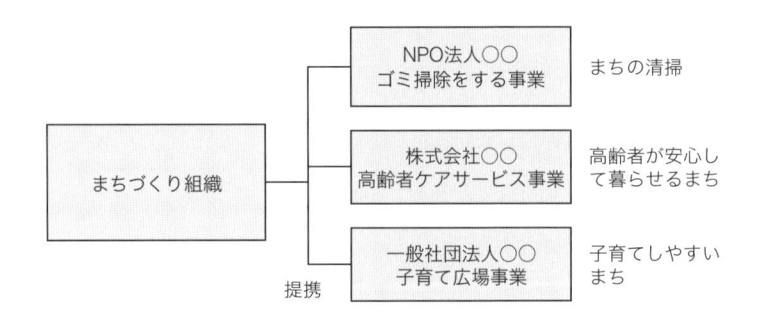

```
                    ┌─────────────────────┐
                    │    NPO法人○○       │  まちの清掃
                 ┌──│  ゴミ掃除をする事業  │
                 │  └─────────────────────┘
┌──────────┐    │  ┌─────────────────────┐  高齢者が安心し
│まちづくり │    │  │     株式会社○○     │  て暮らせるまち
│  組織    │────┼──│ 高齢者ケアサービス事業│
└──────────┘    │  └─────────────────────┘
                 │  ┌─────────────────────┐  子育てしやすい
                 └──│   一般社団法人○○   │  まち
                    │   子育て広場事業    │
               提携 └─────────────────────┘
```

図7・2　**戦略的提携図**　まちづくり組織が単独で様々な事業に取り組むのではなく、各得意分野を持つ組織と提携して、事業推進する提携が求められている。

れらコミュニティビジネス組織と提携することによって、事業を地域に提供するケースも登場している。まちづくり分野において複数地域で活躍するコミュニティビジネス組織と、各地域のまちづくり会社との提携事例について、治安維持活動を例に取り上げる（図7・2）。

事例7・7　特定非営利活動法人日本ガーディアン・エンジェルス

　日本ガーディアン・エンジェルスは、アメリカ・ニューヨーク市で始まった治安維持を目的としたコミュニティビジネスの日本支部として1995年に任意団体として発足し、2002年には認定NPO法人化されている。初期は渋谷センター街などの一部地域だけの取り組みであったが、その後全国各地に展開している。また米国総本部としては、世界11カ国にプログラムを展開しており、さらに各国では各地に展開されており、ニューヨーク市から始まったコミュニティビジネスとして大きく発展した。

　日本ガーディアン・エンジェルスとしては2008年7月現在、全国23地域に支部を展開し、年間収入規模は5599万円（2007年度収支計算表）となっている。同団体の治安維持プログラムは全国区で推進される安全安心まちづくり事業において注目され、各地の中心商店街との提携事例が多く見られる。

　例えば、福岡市天神地区では地元活性化を目指し、地元地権者・事業者中心に「We love 天神協議会」が2006年に発足した。すでに福岡にて年間564

人以上（2004年度）を動員したパトロールを実施するなど実績のある日本ガーディアン・エンジェルス福岡支部も同協議会会員として地区全体の安全活動を行っている。

　また、熊本市下通地区では、複数商店街の連合会組織である中央繁栄会等が中心となり、地元の安全安心まちづくり活動推進のために日本ガーディアン・エンジェルスと提携して2007年10月に熊本支部を発足し、定期的な安全安心パトロールを実施している。

　このようにすでに様々なコミュニティビジネス組織が、まちづくり会社や商店街などと提携してまち機能の一翼を担うようになってきている。従来の何でも自分たちで予算や人材を確保して進めようとし、無理が生じてきたまちづくり会社にとっては、非常に有効なパートナーシップモデルと言えるだろう。

　今後は、地域全体の活性化事業をまちづくり会社が事業的に取り組むことそのものもコミュニティビジネスとして発展するとともに、地域課題のカテゴリ別のコミュニティビジネス組織も発展していくものと考えられる。

4 ｜ まちづくりにおけるコミュニティビジネスの展望

　コミュニティビジネスの登場によって、従来の活動型まちづくりや、補助金依存型まちづくりとはまた異なる、まちの課題解決のアプローチが生まれつつある。今後はコミュニティビジネスとしてのまちづくりの登場により、経営的な自立性を確保し、それを軸にしながら活動や運動、適切な補助金の活用といった従来のまちづくりとの融合が進んでいくものと考えられる。

　まちづくりの取り組みでは、未だコミュニティビジネスとして機能しているものは限定的である。また、コミュニティビジネスとして取り組まれているものの多くも小規模で経営基盤は脆弱なものが多い。しかしながら、着実に地域において事業として取り組まれるまちづくりが成果を上げ始めていることは間違いない。

　一方で民間のみが経営的に努力をすれば地域課題が解決するか、と言えばそうではない。地域における医療、福祉、都市計画などの社会制度はあくまでその基盤を公共セクターが担う役割が大きい。その基盤に則って、地域において

各種サービスを地域ニーズに併せて提供していくことが可能となっている。それらの制度が頻繁に大きく変化してしまうことは決して好ましいことではない。また、民間が努力してコミュニティビジネスとしての自立性を確保したからといって、公的支援を止めることも好ましくない。補助金などは効果的に活用できれば、民間側の努力を何倍にも伸ばす可能性がある。効果的な公的支援のあり方も併せて検討していく必要がある。

さらに、民間側も事業性におぼれて本来の目的を見失わないようにすべきである。事業はあくまで手段であり、目的ではない。地域課題解決のための効果的な方法論の一つが事業性であり、事業化すればすべての課題が解決するわけではない。時には活動として多くの人々とともに動くことも有効である。活動と事業とのバランスを効果的に保つことも重要なポイントである。

今後のまちづくりにおいて、コミュニティビジネスを利用し、さらに行政、民間活動が融合した先にこそ、効果的な地域課題解決の方策が見えると言える。

》設問《

1) 従来の活動型のまちづくりと事業型まちづくりとの違いを述べましょう。
2) 事業型まちづくり、もしくは事業型まちづくり会社の問題点を述べましょう。
3) 自分が考えるまちづくりに必要なコミュニティビジネス事業モデルを一つ提案しましょう。

おわりに

　本書は、近年、社会的な注目が高まるコミュニティビジネスの基礎理念や実践手法を理解するための入門書として書かれていますが、その底流にあるものは、持続可能な社会の実現という本質的な命題です。地球環境問題は深刻さを増し、国内の経済状況も容易には改善されない現状ではありますが、その中で一筋の光を見出すことができるのは、本書で取り上げたような地域への愛や志から発する「地域市民の社会的事業」の潮流です。地方都市は、経済的には疲弊していますが、まだまだ豊かな自然環境が残り、地域を愛する人々が元気に頑張っています。大都市でも、巨大なオフィスビル群に囲まれながらも、江戸時代から続く老舗を守る後継者や人情味あふれる元気な商店街が残っています。

　「地域に生きる市民：地域市民」という存在が、まちの主役であり、地域再生に向けた最後の希望になることは間違いないことでしょう。持続可能な社会の基盤となるものは、その土地の自然や歴史であり、それを主体的に守ろうとする市民の存在です。かつては、産業も地域の歴史や文化、自然環境に深く結びついて発展してきました。地域の産業が地域の人々と共に育ち、地域で支えられてきた時代には、持続可能な社会という命題自体が不必要だったのです。かつて、日本経済を牽引してきた重厚長大型の産業は、国家的な経済成長をもたらしましたが、地域で生きる人々の「真の豊かさ」を実現するには至りませんでした。急激な近代化は、地域と共に生きてきた伝統芸能や職人技を消滅に追いやってきました。大都市への一極集中は、地方都市の人口減少や大都市の環境悪化を同時に進行させてきました。我々消費者も生活の利便性を追い求めるあまり、ものづくりへの敬意や日本の伝統的な生活文化を失ってきたのです。

　しかし、日本は、未だ、自然に恵まれた豊かな文化を持つ国であり、自然環境や社会経済の循環システムを再構築していくことにより、持続可能な社会を実現できる大きな可能性を持った国です。21世紀は、これまでの「大量生産」「大量消費」「大量破棄」のライフスタイルを変革し、「地域主体」「地域連携」を基にした「持続可能な社会」を実現しなければなりません。そのためには、企業や行政も変わらねばなりません。そして、市民も本気で変わらねばなりま

せん。

　本書は、このような時代を背景に書かれました。本書の発端となったものは、こうした持続可能な社会を実現するために、コミュニティビジネスやワーカーズといった新たな働き方の社会的な意義や可能性を研究するための「コミュニティビジネス・パートナーシップ」という研究会の存在です。ここでは、コミュニティビジネスの研究者や実務者が、その専門領域を超えて、コミュニティビジネスやワーカーズの現状と課題について議論を進めていました。その後、2008年には、㈶生協総合研究所内に、「市民ファンド研究会」が設置され、研究所のご支援を受けながら、研究活動を継続できることになり、今回、それらの成果を踏まえながら、本書を取りまとめることができました。

　「市民ファンド研究会」では、コミュニティビジネスや社会的企業に関する講義を担当する教育者の視点や、コミュニティビジネスに携わる事業家やそれらを支援する専門家としての視点からの多元的な議論を繰り返してきました。特に、本研究会は、まちづくりや生協活動などの学際的な研究者、実践者が集う会であったため、これまで注目されることが少なかった地域づくりと協同組合の関係性やコミュニティビジネスとまちづくりの連携についても十分な議論を行いながら、本書を取りまとめることができました。

　本書は、まちづくり、社会的経済、協同組合、地域経営などの様々な学問領域や実務領域を超えたパートナーシップを目指した入門書であり、その目指すところは、本書をもとに、地域市民が実際に事業を創造し、すでに活躍している社会起業家とのパートナーシップを形成していくことにあります。そのためには、今後、本研究会を基盤にした中間支援機能を強化していく必要もあると考えています。

　本書が発刊準備を迎えた2009年9月は、「政権交代」という歴史的な出来事が起きた時期となりました。国民は、この閉塞化した日本社会の変革を新たな政権に託しました。2009年1月には、バラク・オバマ氏が第44代アメリカ合衆国大統領に就任し、「We can Change！」というメッセージが世界的に広がりました。まさに、市民と政治、市民と経済、市民と行政、市民と環境、様々なフィールドで「市民の市民による市民のための変革」が起きようとしているのです。

本書は、こうした「市民の力」を地域づくりに活かしていくための入門書として企画されました。現在、日本の各地で、地域を愛し、地域の将来を築くために数多くの実践者が日々活動を続けています。本書では、このような地域発の様々な事例を盛り込むことができました。多忙な業務が続く中、快く取材に応じて頂きましたNPO法人や企業、自治体、関係機関の皆様に、この場を借りて御礼を申し上げたいと思います。そして、今、このような「地域発」「市民発」の様々なチャレンジが地域に地殻変動を起こそうとしています。

　「コミュニティビジネス」という新たなビジネス領域や働き方は、持続可能な社会の構築や人間性の回復のための大きな原動力となるでしょう。これからは、地域課題に取り組み、地域再生の主体となる「地域市民」の存在がさらに重要な鍵となっていきます。本書が、こうしたコミュニティビジネス分野への参入の機会となり、持続可能な社会の構築に向けた研究や実践が進むことになれば、執筆者として、これ以上の喜びはありません。そして、本書が、21世紀の日本社会を担う社会起業家を目指す方々の羅針盤としての役割を持つ実践的な入門書となることを願っております。

　最後になりましたが、コミュニティビジネスという新たな分野に学際的な視点から取り組んだ本書を世に送り出す機会を頂きました学芸出版社、そして、本書の企画段階から様々なご尽力を頂きました編集部の前田裕資氏、最後の編集作業に多大なるご助力を頂きました中木保代氏に心から御礼の言葉を申し上げます。

2009年10月
著者を代表して
風見正三

注

第 1 講

1 欧州共同体（European Community）は、1992 年に調印されたマーストリヒト条約に基づき導入された政策の枠組み。欧州諸国の統合的な政策の実現のために設置された国家間の共同体。

2 国際影響評価学会（IAIA: International Association for Impact Assessment）は、環境アセスメント、リスクアセスメント、テクノロジーアセスメントなどを対象とする実務者、研究者、行政官、NGO 等が参加する国際学会で、環境アセスメント学会は、その（IAIA）の日本支部の役割を果たしている。影響評価の制度、実務、技術等の充実を図り、健全で持続的な社会の構築を支援することなどを目的として設立された。IAIA の会長は、2008 年度から、原科幸彦東京工業大学大学院教授が務めている。

3 アダム・スミス（Adam Smith）は、「経済学の父」と呼ばれる、イギリスの経済学者・哲学者。『国富論』は、その代表作。原題は、『諸国民の富の性質と原因の研究』（An Inquiry into the Nature and Causes of the Wealth of Nations）。「見えざる手」という言葉が有名となった。市場と競争の重要性に着目することによって、近代経済学の基礎を確立した名著。

4 アダム・スミス（Adam Smith）が『国富論』に先駆けて執筆した A. スミスの学問の原点となる著作。『道徳感情論』では、人間の活動には、「共感（Sympathy）」と「公平な観察者（Impartial Spectator）」の存在が重要となることを説いており、こうした経済活動の根底には、確かな倫理観や社会秩序が必要であることを示唆している。

5 20 世紀を代表する経済学者であるハーバード大学名誉教授のジョン・ケネス・ガルブレイス（John Kenneth Galbraith）の代表作。A. スミス以降の経済思想の変遷や社会・経済との関わりをわかりやすく解説しながら、大恐慌、世界大戦、巨大企業の支配、貧困問題、核の脅威などの「不確実性」の増大を解説した名著。

6 世界的な経営学者・社会学者であるピーター・ドラッカー（Peter Ferdinand Drucker）の晩年の代表的な著作。今日の先進国に共通する問題として、少子高齢化、雇用・マネジメントの変化等について論じるとともに、来るべき未来に対応するための企業の在り方や新たな雇用形態について論究しており、社会変革を担う起業家の存在や非営利組織の重要性についても重要な示唆を与えている。

7 日本の伝統的な村落社会で培われてきた相互扶助の仕組み。一般的には、「縁」とは血縁によるつながりを意味することが多いが、小集落等の助け合いを「縁」として再構築する動きもみられる。「結」とは、小集落における共同作業を住民の相互扶助の精神で支えあってきたもの。かつては、日本の様々な地域に見られたが、近代化による地域のつながりの希薄化によって、昨今は失われつつある。

8 ㈳農山漁村文化協会が、2009 年度農林水産省にっぽん食育推進事業の事業実施主体として取り組んでいる事業。「教育ファーム推進事業」は、全国に 117 の「モデル実証地区」協力団体を選定し、教育ファームの取り組み成果の検証や支援ツールの作成、セミナー・発表会の開催などの教育ファーム活動の普及・啓発を進めている。

9 匿名組合とは、一般的には、当事者の一方（匿名組合員）が相手方（営業者）の営業のために出資を行い、その営業行為によって生じる利益の分配を受けることができる契約形態。匿名組合は、資産流動化などのスキームにおいて、柔軟な出資を募ることができるため、大規模な資金を必要とするクリーンエネルギー等の設備資金の確保の際に、一般市民から広く集めることなどに適しており、北海道の「風力発電ファンド」等では、匿名組合出資を活用した資金獲得を行った実例がある。

10 「総有」とは、所有権を表す概念のひとつで、広義の共有のひとつとして定義されている。広義の共有は、「総有」「合有」「共有」の3つの所有形態に分かれており、共有とは、所有権など、ある一定の権利が複数の主体によって支配・利用されている状態のことで、「総有」とは、その中でも最も団体主義的な色彩が強い類型であり、地域住民の全体の共有財産としての「里山」等にこうした概念を導入すべきであるといった主張が展開されるようになってきている。

11 ㈱いの町農業公社は、山間地域における農業振興や営農支援の取り組みを行っている法人。2004年10月1日の町村合併（吾北村、本川村、伊野町）によって「いの町」が誕生したことにともない、旧「吾北村農業公社」の名称が変更された。公社では、各種営農支援事業を通して、地域農業の振興、農地及び地域環境の維持に取り組んでいる。道の駅「633美の里・物産館」の販売促進の成功など、出荷農家の支援や山間地域農業の実情に即した各種支援策を実施している。

12 「森にしずむ都市」は、福島県が推進していた都市構想。人工物である「都市」を自然物である「森」と一体化させ、ゆとりとやすらぎのある「人間サイズ都市」に変貌させようとするもの。福島県は2001年に、この構想の具現化のために、21世紀型の新都市モデルの公募事業を行い、持続可能な都市のビジョンやプログラムを求めた。「テーマコミュニティの森」の理念は、この公募事業で、福島県知事賞、日本混相流学会長賞を受賞した。

13 ラムサール条約は、湿地の保存に関する国際条約。水鳥を食物連鎖の頂点とする湿地の生態系を守る目的で、1971年2月2日に制定された。登録の対象は「湿地」であり、湿原（釧路湿原等）や湖（琵琶湖等）、海域（慶良間諸島海域等）などの水域を対象としている。釧路湿原、尾瀬が有名であるが、藤前干潟は、2002年11月18日に登録されている。

第2講

1 「社会的協同組合」には、「社会・健康・教育サービスを提供する協同組合」（A型社会的協同組合）と不利な条件にある人々の労働参加を促進する協同組合（B型社会的協同組合）以下の二つのタイプがある。2005年の統計では、約7300団体が存在し、24万4000人が働く。これら社会的協同組合の理論、およびその現状については、田中（2008）を参照のこと。

2 1998年に成立した介護保険法の参議院の付帯決議では、生協、農協、シルバー人材センター等と並んでNPOがサービス提供を行えるような配慮をするべきであるとしている。このことは、「保険料あってサービスなし」といわれるサービスの絶対量の不足を補う意

味があった。これによって介護保険以前から高齢者福祉分野で主に制度に乗らないサービスや自治体の委託を受けていたNPOに、比較的定型的で安定的な事業収入を得られる基盤が形成されたと考えられる。その一方で、例えばNPOの特徴である「先駆性」や「個別性」といった、安定的な収入にはまだ繋がりにくいが、地域や当事者にとって必要不可欠なサービスの掘り起こしと事業化という役割は相対的に後景に退いた観もある。この点は非営利組織と制度変化といった論点を惹起するだろう。このような制度変化に合わせて組織がその戦略や構造を変化させることを経済学では「制度的同型化 (Isomorphism)」と呼ぶ

3 コンパクトとは、英国における政府とボランタリー・コミュニティ・セクター（日本の非営利セクターに相当）との「協定」（Agreement）である。これは、両者がお互いの価値、原則、果たすべき役割を共有し、協働する上でのガイドラインを定めたものである。日本においても、自治体とNPOの協働を推進する上でのガイドラインとして、制定されている自治体も多い。

4 英国の社会的企業への支援策、制度、理念等についてくわしくは、推薦図書に示した塚本・柳澤・山岸編著（2007）を参照頂きたい。

5 プロボノとは、ラテン語のPro bono publico（公共の善のために）という言葉に由来し、主として弁護士など法律関係の職業に就いている人々による無償の支援活動である。米国においては20世紀初頭頃から、義務ではなく論理規範としてこの活動が推奨されてきている。日本においても、近年人権関連のNPO等で支援を受ける実績が拡がっている。

6 このようなインセンティブの一例として、国税レベルでは「認定NPO法人制度」があり、損金算入が可能で一定程度のインセンティブはあると考えられるが、そもそも認定の上でのハードルが高く、事業収入を主たる収入源とするコミュニティ・ビジネスには適合的な制度ではない。

第3講

1 熊本県荒尾市において、地域再生マネジャー・斉藤氏が中心となって開設した徒歩で買い物に来る高齢者等だけを対象とした店舗経営モデル。従来の広範囲から顧客を集める店舗経営だけでなく、歩いて来れる範囲で事業を成り立たせることができることを実証。熊本県庁と共に徒歩圏マーケット設立マニュアルを作成している。

2 1つの事業を通じて、複数の顧客から利用料金等を得るビジネスモデル。地域活動においてゴミ掃除事業について店先の清掃に関してはお店等が負担をしながら、清掃要員のユニフォームに企業協賛をつけるといった2つの収入モデルを確立することが挙げられる。一般企業においてはクレジットカード決済などが加盟店からの収入と、利用者からの会費収入と得るといったマルチサイドプラットフォームを構築している。

3 経済的価値。コミュニティビジネスを推進する上で、事業を継続可能な環境にするために、運営に必要十分な資金を生み出していることが一つの価値として考えられる。経済的なモデルが成立していない場合は、中長期的継続が困難な場合が多い。

4 社会的価値。コミュニティビジネスはあくまで地域課題を解決することにあり、単に収

益性の高い事業開発のみが目的ではない。あくまで社会的価値を創造して価値が認められる。
5 事業に取り組む組織すべてが、何らかの社会的負荷を生んでいることからも、事業活動だけでなく社会貢献をすべきであるといった考え方。近年、大手企業もCSR専門部門を設置して、社会貢献活動に取り組んでいる。コミュニティビジネス組織もまた、社会貢献のあり方を常に考えていく必要がある。

第4講

1 坪郷（2006）によれば、ガバナンスは3つに大別される。第1に「複合的な都市型社会において生起する諸問題を解決するため」の「多様な担い手によるガバナンス」、第2に「問題解決のための多次元レベルのガバナンス」、第3に「多様な担い手自体の『組織ガバナンス』」である。本講では、ソーシャル・ガバナンス（神野直彦・澤井安勇編（2004）『ソーシャル・ガバナンス―新しい分権・市民社会の構図』東洋経済新報社など参照）、ローカル・ガバナンス（山本啓編（2008）『ローカル・ガバメントとローカル・ガバナンス』法政大学出版局など参照）、コミュニティ・ガバナンス（自治体学会編（2004）『コミュニティ・ガバナンス―誰が何を決めるのか』第一法規など参照）といった幅広いガバナンスの観点を踏まえつつも組織ガバナンスに焦点をあてる。
2 コミュニティ・ビジネス・サポートセンターの11分類に基づいて再分類した。事例は主要な活動で分類されており、事業内容が一つの分野に特化しているわけではない。
3 中小企業地域資源活用促進法（2007年度制定）によれば、地域資源とは、「①地域の特産物として相当程度認識されている農林水産物または鉱工業品、②特産物となる鉱工業品の生産にかかわる技術、③地域の観光資源として相当程度認識されているもの」と定義づけされている。
4 中島（2005）153頁、コミュニティ・ビジネス・スコットランドHP（http://www.cbs-network.org.uk/）など参照。

第5講

1 高齢人口（65歳以上）の人口比率を、以下の区分で分けている。一般に、高齢化社会は7〜14％、高齢社会を14〜21％、超高齢社会を21％〜と言う。高齢化社会から高齢社会に達する期間を倍化年数というが、フランスが約100年間、ドイツでも41年間かかった高齢社会への移行が日本は24年間である。
2 2006年数値は、日本生活協同組合連合会ホームページより引用。直近では、2008年にマレーシアのクアラルンプールで第16回大会が開催されている。
3 1988年生まれのクリスチャンの社会活動家。日本よりもアメリカやヨーロッパで有名。生涯をかけて、平和運動・貧困救済活動・労働組合・農民組合・漁民組合・協同組合などの普及に力を尽くした。コープこうべの「愛と協同」の理念は、この賀川豊彦の友愛・奉仕・協同互助の精神に基づく。
4 生協の産直は「産地直結」。生産者（グループ）と消費者（生協）が、農協などの中間組織を経由せずに直接取引する市場外流通。生産者と消費者が直接結び付く意味。産直

活動、つまり生産者と消費者（組合員）が交流しながら進めるという特徴がある。
5 既にあるものととって変わる新しい、対案としてのという意味合い。
6 国内総生産。国民総生産から海外での純所得を除いた国内での経済活動の指標。
7 手持ちのお金が不足し、消費者金融や信販会社などから借り入れが積み重なったり、借金を返すためにまた借金を繰り返すなど複数の消費者金融、信販会社から借金をすること。無計画なカードローン、あるいは高金利のため、借入金を返済しても返済しても借金がなくならず、そのために自殺、一家離散など社会問題化し、借入金の総量規制・高金利抑制など法律の改正に至った。
8 パルシステムの産直については、パルシステム連合会発行「パルシステムの産直」3部作（記録編・歴史編・産直論編）がある。
9 特別栽培米は、1988年に制定された制度。減農薬栽培など特色のある方法で栽培された米を、当初は食糧管理法の下で、生産者個人と消費者個人が取引をするとされた。特別表示米は、特定生産者と不特定消費者との取引ができるように定められた制度。表示にあたっては、栽培基準と栽培方法及びその表示方法が決められた。現在では、農林水産省の「特別栽培農産物に係る表示ガイドライン」に従い、減農薬栽培など特色のある方法で栽培された米を特別栽培米という。

第6講

1 独立行政法人経済産業研究所（2007年3月）2006年度「NPO法人の活動に関する調査研究（NPO法人調査）」報告書
2 関東経済産業局「行政とコミュニティビジネスのパートナーシップに関する調査研究報告書」（2008年3月）
 調査時期：2007年10月1日～10月31日
 調査対象：関東経済産業局管内1都10県（茨城県、栃木県、群馬県、埼玉県、千葉県、東京都、神奈川県、新潟県、山梨県、長野県、静岡県）の全自治体（都県・市区町村）、531件（回収数326件）
3 東北7県（青森県、岩手県、宮城県、秋田県、山形県、福島県、新潟県）の地域コミュニティの自立および再構築を目的として、大学・市民団体・企業・行政などが連携し、研究・人材育成・計画策定・情報発信などを行っている。
4 経済産業省は「ソーシャルビジネス研究会報告書（2008年4月）」の提言から地域ブロックごとに、コミュニティビジネスやソーシャルビジネスの関係者が参加し、情報交換や交流等を通して協力体制をつくる場として「地域コミュニティビジネス／ソーシャルビジネス推進協議会」を全国に9か所設置した。
 （北海道コミュニティビジネス・ソーシャルビジネス協議会、東北ソーシャルビジネス推進協議会、広域関東圏コミュニティビジネス推進協議会、東海・北陸コミュニティビジネス推進協議会、近畿ソーシャルビジネス・ネットワーキング、中国地域CB／SB推進協議会、四国地域コミュニティビジネス推進協議会、九州ソーシャルビジネス促進協議会、シマンチュビジネス協議会（仮称））
5 森綾子（2004）「NPOからコミュニティビジネスへ―その軌跡と広がり」森綾子共著『火

の鳥の女性たち―市民がつむぐ新しい公への挑戦』ひょうご双書 6、兵庫ジャーナル社

6　1998 年 3 月 19 日設立。基本財産は 1 億円。大学、地域社会および産業界との協力による大学教育改善のための調査研究や情報交換、社会人教育に関する企画調整等を行い、大学と地域社会や産業界の連携を強めることが目的。また、大学相互の結びつきを深め、教育研究の成果の地域社会・産業界への還元を図る。参加団体は大学 50、京都市、経済団体（京都商工会議所・京都経営者協会・㈳京都経済同友会・㈳京都工業会）と、賛助会員として 18 の事業団体。

7　運営会社であるプラットフォームサービスと、施設を拠点とした「SOHO まちづくり」に対して「志ある投資」を行う株主・投資家により組織されるコミュニティファンド（ちよだプラットフォームサービス投資事業有限責任組合）と、施設の利用者を構成員とした「ちよだプラットフォーム推進協議会」の三位一体により運営。地下 1 階地上 5 階建のビルの中に貸事務所・貸会議室・共有スペース・カフェなどがあり、連携・協働しながら、様々な新しいプロジェクトを生み出していくための拠点施設。これもコミュニティビジネスの一つと言える。

8　1 都 10 県（東京都、茨城県、栃木県、群馬県、埼玉県、千葉県、神奈川県、新潟県、山梨県、長野県、静岡県）のコミュニティビジネス・プラットフォーム。会員間の情報交流と地域版コミュニティビジネス中間支援機関の創出を目的に活動している。注 4 参照。

9　2003 年 9 月 1 日設立。主に生活クラブ生協とその運動グループのメンバーが出資。出資者総数 575 名、出資総額 9355 万円、融資総額は 14 団体へ 4510 万円（2008 年 8 月）

10　田中優編著（2008）『おカネが変われば世界が変わる―市民が創る NPO バンク』コモンズ

11　姜乃榮（2009）「韓国の社会的企業と市民運動」馬頭忠治・藤原隆信編著『NPO と社会的企業の経営学』ミネルヴァ書房

12　2006 年 3 月に韓国で誕生した市民参加型シンクタンク「希望製作所」の日本支部で、2007 年 6 月に設立され、日韓交流事業を中心に活動している。

13　2004 年 12 月の証券取引法改正により、NPO バンクの事業展開に障害が生じたことをきっかけに結成された NPO バンクの連絡組織。全国の NPO バンク・各種市民金融関係者・NPO サポート団体・専門家などのネットワークにより形成されている。

14　㈱日本政策投資銀行（2005）「米国のコミュニティ開発金融機関と支援の仕組み―欧米地域金融調査①（米国編）」

15　小関隆志（2008）「世界に広がる NPO バンク―イギリスのコミュニティ開発金融機関」田中優編著『おカネが変われば世界が変わる―市民が創る NPO バンク』コモンズ

16　小沢修司（2009）「貧困・低所得に抗するベーシック・インカム戦略」『生活協同組合研究』vol. 401

第 7 講

1　まちづくり会社は、地域活性化に必要な事業に取り組む会社を指す。まちづくり会社が自ら地域課題解決のためにコミュニティビジネスに取り組む場合や地域内でコミュニティビジネスを展開する他の NPO 法人等と提携する場合がある。幅広い形でまちづくり

会社はコミュニティビジネスと関わりを持ち、地域課題解決の中心的役割を果たしていくことが期待される。
2　国土交通省都市・地域整備局（2007）「中心市街地活性化に係る「中心市街地整備推進機構」及び「まちづくり会社等」に関するアンケート」

参考文献

第1講

- Corbett, J. & Corbett, M. (2000) Designing Sustainable communities: Learning from Village Homes, 235p, Island Press
- Drucker, P. F、上田惇生訳（2000）『ネクスト・ソサエティ―歴史が見たことのない未来がはじまる』ダイヤモンド社
- Galbraith, J. K.、斎藤精一郎訳（1983）『不確実性の時代』講談社
- 東秀紀・風見正三・橘裕子・村上暁信（2001）『「明日の田園都市」への誘い―ハワードの構想に発したその歴史と未来』彰国社
- 石川幹子（2001）『都市と緑地―新しい都市環境の創造に向けて』岩波書店
- 宇沢弘文（2000）『社会的共通資本』岩波新書
- 風見正三（2004）「緑を育む都市―ガーデンコミュニティ・マネジメントシステムの提案」『建築雑誌』vol. 119 No. 1520、2004年6月号、pp24-26
- タイセイ総合研究所・細内信孝（2002）『テーマコミュニティの森―ヒューマンサイズの新しい都市』ぎょうせい
- 多辺田政弘（1990）『コモンズの経済学』学陽書房
- ㈶都市緑化基金監修（2005）『コミュニティガーデンのすすめ』誠文堂書店
- 中川雄一郎（2005）『社会的企業とコミュニティの再生―イギリスでの試みに学ぶ』大月書店
- 中島恵理（2006）『ビジネスの魅力を高める自然エネルギー活用術―小さな会社、小さな町を元気にするステキな方法』築地書館
- 日本建築学会（2006）「都市建築の発展と制御シリーズ」第2巻『緑地・公共空間と都市建築』日本建築学会
- 細内信孝（2006）『みんなが主役のコミュニティビジネス』ぎょうせい

第2講

- Borzaga, B and Defourny, J (eds.) (2001) *The Emergence of Social Enterprise*, Routledge（邦訳：C. ボルザガ/J. ドゥフルニ編、内山哲朗・石塚秀雄・柳沢敏勝訳（2004）「社会的企業（ソーシャルエンタープライズ）：雇用・福祉のEUサードセクター」日本経済評論社）
- Dees, J. G. et al. (2002) *Strategic Tools for Social Entrepreneurs: More Tools for Enterprising Nonprofits*. Wiley
- Defourny, J. and Nyssens, M. (2006) 'Defining Social Enterprises' in Nyssens, M. (ed.)、

Social Enterprise, Routledge
- Defourny, J. and Nyssens, M.（eds.）（2008）*Social Enterprise in Europe: Recent Trends and Developments*, WP no. 08/01, EMES
- DTI: Department of Trade & Industry（2001）*Social Enterprise: A Strategy for Success*
- European Council（2000）*Nice European Council*, 7-11 December.
- 上野千鶴子・中西正司編著（2008）『ニーズ中心の福祉社会へ―当事者主権の次世代福祉戦略』医学書院
- 内山哲朗（2004）「サードセクターの動態と社会的企業」C. ボルザガ／J. ドゥフルニ編、内山哲朗他訳、前掲書、pp. 501-528
- 北島健一（2001）「EU における社会的経済の現状」『生活協同組合研究』vol. 308、生協総合研究所
- 経済産業研究所（2007）『平成 18 年度 NPO 法人の活動に関する調査研究』
- 経済産業省（2008）『ソーシャルビジネス研究会報告書』
- 田中夏子（2008）「「社会的排除との闘い」と非営利・協同事業―イタリアにおけるコンソーシアムの機能と課題」、中川雄一郎他編著『非営利・協同システムの展開』日本経済評論社
- 富沢賢治・川口清史編著（1997）『非営利・協同セクターの理論と現実―参加型社会システムを求めて』日本経済評論社
- 内閣府（2008）『平成 19 年度市民活動団体基本調査報告書』
- 西城戸誠（2008）『抗いの条件―社会運動の文化的アプローチ』人文書院
- バラ、アジット・S、ラペール、フレデリック（2005）福原宏幸・中村健吾監訳『グローバル化と社会的排除―貧困と社会問題への新しいアプローチ』昭和堂
- 山口浩平（2007）「社会的企業―イギリスにおける政策パートナーとしての位置づけ」、塚本一郎他編著『イギリス非営利セクターの挑戦―NPO・政府の戦略的パートナーシップ』ミネルヴァ書房
- 山口浩平・中島聡子（2004）「NPO の中間支援組織における若年層スタッフの働き方に関する研究―人材育成研究の視点から」『平成 16 年度明治大学経営学研究所オープン・リサーチ・センター整備事業報告書』

第 3 講

- ETIC. 編（2005）『好きなまちで仕事を創る―Address the Smile』TO ブックス
- P. F. ドラッカー（1991）『非営利組織の経営』ダイヤモンド
- フィリップ・コトラー他（2005）『非営利組織のマーケティング戦略』第一法規
- 町田洋次（2000）『社会起業家―「よい社会」をつくる人たち』PHP 新書
- 横石知二（2007）『そうだ、葉っぱを売ろう！―過疎の町、どん底からの再生』ソフトバンククリエイティブ

第 4 講

- Pestoff, Victor A.（1998）*Beyond the Market and State: Social Enterprises and Civil Democracy*

in a Welfare Society, Ashgate［藤田暁男他訳（2002）『福祉社会と市民民主主義―協同組合と社会的企業の役割』日本経済評論社］
- 植竹晃久・仲田正機編著（1999）『現代企業の所有・支配・管理―コーポレート・ガバナンスと企業管理システム』ミネルヴァ書房
- 海道ノブチカ・風間信隆編著（2009）『コーポレート・ガバナンスと経営学―グローバリゼーション下の変化と多様性』ミネルヴァ書房
- 川口清史・田尾雅夫・新川達郎編（2005）『よくわかるNPO・ボランティア』ミネルヴァ書房
- 小松章（2008）『非営利分野における株式会社の新しい可能性について（平成17～19年度科学研究費補助金［基盤研究C］研究成果報告書）』
- 髙寄昇三（2002）『コミュニティビジネスと自治体活性化』学陽書房
- 立岡浩・渡辺好章編著（2000）『NPO・福祉マネジメントの理論と実践―福祉団体・病院・公益法人・市民事業体・自治体のために』日総研
- 坪郷實編（2006）『参加ガバナンス―社会と組織の運営革新』日本評論社
- 中山徹・橋本理編著（2006）『新しい仕事づくりと地域再生』文理閣
- 中島恵理（2005）『英国の持続可能な地域づくり―パートナーシップとローカリゼーション』学芸出版社
- 細内信孝（1999）『コミュニティ・ビジネス』中央大学出版部
- 本間正明他著（2003）『コミュニティビジネスの時代―NPOが変える産業、社会、そして個人』岩波書店
- 宮坂純一・矢倉伸太郎・西村剛（2007）「コミュニティ・ビジネス概念の確立に向けて（I）―奈良県コミュニティ・ビジネスの経営学的研究序説」奈良産業大学『産業と経済』第22巻第2号、73～110頁
- 宮坂純一（2004）「コミュニティ・ビジネスとビジネス・エシックス」奈良産業大学『産業と経済』第19巻第2号、119～142頁
- 山本修・吉田忠・小池恒男編著（2000）『協同組合のコーポレート・ガバナンス―危機脱出のためのシステム改革』家の光協会
- 「よくわかる現代経営」編集委員会編（2004）『よくわかる現代経営』ミネルヴァ書房
- 「対談・玄田有史×湯浅誠　労働問題の本質とは―仕事と人格の結びつきを解く」『経済セミナー』2009、6・7月号、6～19頁

第5講

- 大沢真理編著（2007）『生活の協同』日本評論社
- 大沢真理著（2007）『現代日本の生活保障システム』岩波書店
- 岡澤憲芙・連合総合生活開発研究所編著（2007）『福祉ガバナンス宣言』日本経済評論社
- 角山榮・川北稔編（1982）『路地裏の大英帝国』平凡社
- 現代生協論編集委員会編（2006）『現代生協論の探究　理論編』コープ出版
- 現代生協論編集委員会編（2005）『現代生協論の探究　現状分析編』コープ出版
- 佐藤日出夫著（2000）『安心して住みつづけられるまち』同時代社

- 白井厚監修・農林中金研究センター編者（1992）『協同組合の基本的価値』家の光協会
- 土方直史（2003）イギリス思想叢書9『ロバート・オウエン』研究社
- 〔東京・大阪・熊本〕実行委員会（2006）『勃興する社会的企業と社会的経済』同時代社
- 中村陽一＋21世紀コープ研究センター編著（2004）『21世紀型生協論』日本評論社
- 西川 潤・生活経済政策研究所編著（2007）『連帯経済』明石書店
- 日本協同組合学会訳著（1989）『西暦2000年における協同組合』日本経済評論社
- 日本生活協同組合連合会編（2002）『現代日本生協運動史』上中下巻 コープ出版
- ポール・デリック＆ヒズ・フレンズ著、高橋芳郎・石見尚共編（1985）『協同社会の復権』日本評論社
- 水野和夫著（2008）『金融大崩壊』NHK出版

第6講

- 関東経済産業局（2008）「行政とコミュニティビジネスのパートナーシップに関する調査研究報告書」
- 独立行政法人経済産業研究所（2007）「2006年度NPO法人の活動に関する調査研究（NPO法人調査）」報告書
- 経済産業省（2008）「ソーシャルビジネス研究会報告書」
- ㈶生協総合研究所『生活協同組合研究』No. 401、2009
- 田中優編著（2008）『おカネが変われば世界が変わる─市民が創るNPOバンク』コモンズ
- ㈱日本政策投資銀行（2005）「米国のコミュニティ開発金融機関と支援の仕組み─欧米地域金融調査①（米国編）」
- 馬頭忠治・藤原隆信編著（2009）『NPOと社会的企業の経営学』ミネルヴァ書房
- ㈶まちづくり市民財団（2002）「まちづくりと市民参加Ⅳ─市民社会へ─個人はどうあるべきか」
- 森綾子（2004）「NPOからコミュニティビジネスへ─その軌跡と広がり」森綾子共著『火の鳥の女性たち─市民がつむぐ新しい公への挑戦』ひょうご双書6　兵庫ジャーナル社
- 『非営利法人研究学会誌』Vol. 9、2007

第7講

- KBSケーススタディ（2007）『株式会社いろどり』
- 安達正範・中野みどり・鈴木俊治（2006）『中心市街地の再生 メインストリートプログラム』学芸出版社
- 伊丹敬之（2003）『経営戦略の論理』日本経済新聞社
- 木下斉・駒崎弘樹・西本千尋（2003）「日本型まちづくりの終焉」『エコノミスト』04年2月10日号
- ㈶中小企業総合研究機構（1998）『米国の市街地再活性化と小売商業』同友館
- デイビット・メッキシ（2008）『財務マネジメントの基本と原則』東洋経済新報社
- 原田英生（1999）『ポスト大店法時代のまちづくり』日本経済新聞社

推薦図書

第1講
- 宇沢弘文（2000）『社会的共通資本』岩波新書
- 川村健一他（2000）『サステイナブルコミュニティ』学芸出版社
- コミュニティ・ビジネス・ネットワーク（2009）『コミュニティ・ビジネスのすべて』ぎょうせい
- タイセイ総合研究所＋細内信孝（2002）『テーマコミュニティの森』ぎょうせい
- 山田晴義（2006）『コミュニティの自立と経営』ぎょうせい

第2講
- 大沢真理編著（2007）『生活の協同―排除を超えてともに生きる社会へ』日本評論社
- 塚本一郎、柳澤敏勝、山岸秀雄編著（2007）『イギリス非営利セクターの挑戦―NPO・政府の戦略的パートナーシップ』ミネルヴァ書房
- パブリックリソースセンター編（2009）『NPO実践マネジメント入門』東信堂

第3講
- ETIC.編（2005）『好きなまちで仕事を創る―Address the Smile』TOブックス
- 町田洋次（2000）『社会起業家―「よい社会」をつくる人たち』PHP新書
- 横石知二（2007）『そうだ、葉っぱを売ろう！―過疎の町、どん底からの再生』ソフトバンククリエイティブ

第4講
- 塚本一郎・山岸秀雄編著（2008）『ソーシャル・エンタープライズ―社会貢献をビジネスにする』丸善
- 坪郷實編（2006）『参加ガバナンス―社会と組織の運営革新』日本評論社
- 中山徹・橋本理編著（2006）『新しい仕事づくりと地域再生』文理閣

第5講
- 北川太一（2008）『新時代の地域協同組合』家の光協会
- ㈶協同組合経営研究所（2007）『新 協同組合とは』
- 佐藤紘毅・伊藤由理子編者（2006）『イタリア社会的協同組合B型をたずねて』同時代社
- 佐藤慶幸（1996）『女性と協同組合の社会学―生活クラブのメッセージ』文真堂
- 生活クラブ事業連合生活協同組合連合会福祉事業連絡会『生活クラブ関連団体福祉事業データブック』
- 中村陽一＋21世紀コープ研究センター編著（2004）『21世紀型生協論』日本評論社

第 6 講

- 川口清史・田尾雅夫・新川達郎編（2005）『よくわかる NPO・ボランティア』ミネルヴァ書房
- 粕谷信次著（2009）『社会的企業が拓く市民的公共性の新次元』（増補改訂版）時潮社
- 田中夏子著（2004）『イタリア社会的経済の地域展開』日本経済評論社
- 中村順子・森綾子・清原桂子共著（2004）『火の鳥の女性たち―市民がつむぐ新しい公への挑戦』兵庫ジャーナル社
- 馬頭忠治・藤原隆信編著（2009）『NPO と社会的企業の経営学』ミネルヴァ書房
- 細内信孝編著（2006）『みんなが主役のコミュニティ・ビジネス』ぎょうせい
- 細内信孝編著（2001）『地域を元気にするコミュニティ・ビジネス』ぎょうせい
- 細内信孝・鵜飼修著（2003）『3 日でマスターできるコミュニティ・ビジネス』ぎょうせい
- 松原明・水口剛・赤塚和俊著（2008）『ここからはじめる NPO 会計・税務』ぎょうせい
- 山岡義典・早瀬昇・石川両一編（2001）『NPO 非営利セクターの時代』ミネルヴァ書房

第 7 講

- 安達正範・中野みどり・鈴木俊治（2006）『中心市街地の再生 メインストリートプログラム』学芸出版社
- ㈶中小企業総合研究機構（1998）『米国の市街地再活性化と小売商業』同友館
- 原田英生（1999）『ポスト大店法時代のまちづくり』日本経済新聞社

用語集

本書に登場するコミュニティビジネスに関する語句を五十音順に掲載しています。対応する本文には、番号を記載しています。

01 NPOバンク
市民が自発的に出資した資金による「市民の非営利バンク」のこと。金融NPO、市民金融、市民バンクなどとも呼ばれる。融資対象は地域福祉や環境保全活動を行っているNPOや個人。最初のNPOバンクは1994年に設立された「未来バンク事業組合」(東京都)。2009年8月には全国で15団体となっている。

02 NPO法人
NPO法人とはNon Profit Organizationの略、特定非営利活動法人のことである。非営利とは、団体関係者に利益分配を行うことを目的としないことを指す。NPO法人は全て無報酬でボランティアによる取り組みと誤解されることもあるが、NPO事業を通じて利益を得て従業員の報酬等を一般企業同様に支払うことはできる。2009年7月末現在、3万7962件のNPO法人が認証を受けている。

03 win-win
一方だけが得するプランではなく、互いにプラスになるプランのこと。継続的に事業を進めるためには、共に事業に取り組む相手にとってもプラスになるプランをこちら側も考える必要があることを指している。

04 アウトソーシング
業務の一部を自分たちだけではなく、他の組織に委託することによって業務効率や自分たちでは行えない事業推進を可能とする方法。一般企業においては活発に利用されているが、コミュニティビジネスの分野においてもすべて自前で行おうとするのではなく、適宜他の組織に委託して自分たちは本業に注力することで全体のパフォーマンスを向上させることが重要である。

05 アカウンタビリティ
説明責任。行政や企業など影響力の大きい団体が関わりのある人たちに説明する責任があるということ。もともとはアカウンティング(会計)とレスポンシビリティ(責任)の合成語。

06 アドボカシー
アドボカシー(Advocacy)とは、一般的に、政策提言や権利擁護という意味で用いられることが多い。本来は、「弁護」や「支持」などの意味がある。最近では、NPO・NGOの重要な機能の1つとして用いられることも多く、政策形成過程へのNPO・NGOの参加を含めて、市民的な要求を政策や法令として実現させるといった動きを指すことまで様々である。今後、市民社会が成熟していくためにも、様々な場面で積極的にアドボカシーが行われることが求められよう。

07 グリーンツーリズム
都市に住む人々が漁山村などに滞在する余暇の過ごし方を指す。欧州を中心にして発展し、国内では大分・安心院などでの農家民泊が知られる。従来は農業などだけが主力産業である地域に観光産業が生まれることで地域活性化の方法として期待されている。

08 減反政策
第二次世界大戦の敗戦後、食料を確保するために、米の大増産運動が行われたが、食文化の洋風化などにより米の消費量が減るなど、米が過剰になったため、米の作付面積を減らすために行われた国の政策。1970年から米の生産調整が行われ、翌年から強制減反に移行した。2004年に食料管

理法が改正され、生産者の自主的生産高を決めることができるようになった。政府からの補助金と国際競争力、JAと個別農家の関係、食料自給率の低下、農地の耕作放棄など、政策の狭間で様々な課題が生まれている。

09 公的介護保険制度

人口のボリュームゾーンである団塊世代の高齢化への準備や、女性の社会進出の一般化や核家族中心の家族形態への移行など社会状況の変化に従い、2000年4月から導入された国の制度。40歳以上の国民が所得に応じて、税金として介護保険料を支払い、高齢者となり要介護認定されると、その段階に応じて、国からの支援を受けられる制度。

10 コーズ・リレーティッド・マーケティング

商品販売から得られる利益の一部をNPOやNGOに寄付し、社会的課題解決に貢献する仕組み。消費者は商品購入を通じて社会貢献ができる。そのため、企業は他の商品との差別化が可能となり、売上向上につながっている。

11 コミュニティガーデン

地域住民が主体的に維持管理する「地域の庭」。公園は公共管理が主体であることに対して、コミュニティガーデンは、地域住民が主体となって場所選定から造成、維持管理までの過程を自主的な活動によって進める「緑のまちづくり」の実践的な手法といえる。主な効果としては、市民参加による緑地の増加、市民の憩いの場の創出、行政コストの削減等が期待され、全国各地で、コミュニティガーデンの活動が始まっている。

12 コミュニティ開発金融機関（CDFIs）

地域コミュニティへの資金供給を担う主体。低所得者に資金提供を行う銀行または協同組織金融（クレジットユニオン）型、非営利の社会貢献団体および雇用創出や起業に資金供給する基金（ファンド）型など対象や形態は様々ある。若者や移民、女性などの自立促進や、地域振興を促している。

13 コミュニティビジネス

コミュニティに密着した社会貢献的な活動を事業化する取り組み。自らの手で地域社会を良くしたいという「志」が原点となっているビジネスである。その基本条件は、「市民主体」「地域密着」「地域貢献」であり、その根幹には、「地域を愛する心」「地域を良くしたい志」が存在している。地域の資源を活用しながら、地域の課題をビジネス的な手法で解決する地域再生型のビジネスモデルである。

14 コモンズ

一般的に、共有地や入会（いりあい）を意味することが多いが、近代化の中で失われてきた里山の保全など、これからの地域社会の再生に向けた概念としても期待を集めている。コモンズの研究に関しては、「小繋事件」が有名であるが、地域の共有する財産をいかに継承していくかという点において、近代化の中で様々な問題が生じてきている。コモンズの視点は、地域の貴重な自然環境を守る際に、それらを地域の共有財産として再認識し、共同管理していくための基本的な理念として注目されている。コモンズの課題としては、共有財産を村落や地域など、どの範囲で維持管理していくべきなのか、その閉鎖性と開放性のあり方が大きな課題となっている。

15 事業型まちづくり会社

地域の課題解決につながる事業を開発し、それらの事業を通じて利用者から対価を受け取ることで持続的に取り組みを行うまちづくり会社。従来の会費や補助金収入を基礎とした事業モデルと異なることから事業型まちづくり会社と分類される。

🔷 16 持続可能な発展

1987年の「環境と開発に関する世界委員会（WCED）」において世界的に認識されるようになった概念。地球環境問題が深刻化する中、「持続可能性（Sustainability）」という概念が世界的に注目されるようになり、1992年の地球サミットでは、その具現化のための「ローカルアジェンダ」が提言され、世界各国の環境政策に影響を与えていった。WCEDは、「持続可能な発展（Sustainable Development）」を、「将来世代が自らの必要性を満たす能力を損なうことなく、現在世代の必要性を満たす発展」として定義しており、その実現に向けては、次世代を含めた長期的な視点からの人間活動の管理が重要となっていることを示唆している。

🔷 17 指定管理者制度

議会の議決を経て、公的施設の管理を民間会社や団体が代行できることが、2003年に法制化された。スポーツ・文化施設、保育所や児童館、高齢者施設などに対する適用が各自治体で進んでいる。

🔷 18 社会的共通資本

「社会的共通資本（Social Common Capital）」は、日本の経済学者である宇沢弘文によって提示された概念である。宇沢は、「社会的共通資本」とは、「一つの国ないし特定の地域に住むすべての人々が、ゆたかな経済生活を営み、すぐれた文化を展開し、人間的に魅力ある社会を持続的、安定的に維持することを可能にするような社会的装置」であると定義している。具体的には、「自然環境（土地、大気、土壌、水、森林、河川、海洋など）」「社会的インフラストラクチャー（道路、上下水道、公共的な交通機関、電力、通信施設など）」「制度資本（教育、医療、金融、司法、行政など）」の要素から構成されるものであるとしている。これらの要素は、まさに、持続可能な社会を構築するための基本的な要素ということができよう。

🔷 19 社会的経済

社会的経済（Economie Sociale）とは、1970年代、世界が構造的失業や社会的排除問題、環境問題など様々な限界に直面する中で、フランスにおいて展開された概念であり、公的セクター、民間セクター、社会セクターの重なり合う部分において利潤の獲得それ自体を目的としない組織である、協同組合、共済組合、アソシエーション（非営利組織）等によってなされる経済活動のこと。

🔷 20 社会的責任投資（SRI）

Socially Responsible Investment：投資先を選定する際に、財務評価だけではなく企業の社会的責任（CSR）の状況も評価して行う投資のこと。評価の項目としては経営理念・情報開示・顧客対応・環境への配慮、雇用責任、人権尊重、地域貢献など様々な社会的問題への取り組みが挙げられている。

🔷 21 社会的排除

社会的排除は1980年代以降、経済のグローバル化の進展とともに、20世紀後半に先進工業諸国が確立した福祉国家の社会的セーフティネット（社会保障・社会的サービス・雇用や労働条件）の枠組みから構造的に排除される状態として、特にEUで克服すべき目標とされた。自己責任では解決不可能な様々な次元のものが複雑に絡み合い相対化した状態で、①収入源、②労働市場、③社会的サービス、④社会的関係からの排除がある。社会的排除は、その国の発展度合いや構成メンバー（民族・移民など）により、同じ失業と言っても、その中で意味する"排除"の中身は異なる。

🔷 22 所得倍増計画

1960年池田内閣のもとで作成された長期経済計画。第二次世界大戦の敗戦で疲弊した国民経済を立て直し、完全雇用を目指し、

もって、国民の生活水準を上げるとした。計画は、10年間で国民総生産を倍増させる狙いだったが、その後、驚異的な経済成長を遂げ、約6年で当初の計画を達成した。

23 ソーシャルアントレプレナー
日本では社会起業家と呼ばれる。近年、注目されている起業家の分類の一つ。事業的成功と共に、社会的課題解決を目指すことをミッションとして高く掲げていることが特徴。米国等で盛んに取り上げられ、日本にも影響を与えている概念である。社会起業家の持つ精神論を「ソーシャルアントレプレナーシップ」と呼び、単に事業の成功だけを求めるのではない経営者の姿勢として注目を集めている。

24 ソーシャルキャピタル
ソーシャルキャピタル（Social Capital）は、社会関係資本と訳され、信頼関係、相互扶助、人的ネットワークなど、人と人や組織などとのつながりを資本・資源として表したもの。アメリカの社会学者のパットナム（Putnam, R. D.）によれば、ソーシャルキャピタルはコミュニティに蓄積されるものと定義されている。社会政策の効果を媒介する重要な要素であると認識されることもある。

25 ソーシャルビジネス
社会を変革する解決策を自らの手によって生み出したいという起業家精神に基づいた新たなビジネス領域。経済的な成功だけを追うのではなく、社会的な価値を生み出すことを尊重する新たなビジネススタイル。ソーシャルビジネスの基本的な特徴としては、社会を変革したいという「志」が原点にあること。また、「コミュニティビジネス」と「ソーシャルビジネス」は、共通した目標像や社会像が存在することが多い。これらの概念の根底にあるものは、「社会貢献と経済活動を両立させるビジネスモデル」ということであり、両者とも、まさに「志」のビジネスということができる。

26 地域経済システム
地域の産業連関を促進し、地域内で資源や貨幣を循環させることにより、地域の自律的な経済発展を目指す仕組み。「地域貨幣」は、その重要なツールとして期待されている。「地域貨幣」とは、政府や日本銀行などの中央銀行が発行する法定通貨以外の地域独自の通貨であり、地域内の財やサービスの交換に活用されている。特定の地域やコミュニティ（商店街、町内会、NPO）においてのみ流通する独自の貨幣として、地域の失われたつながりや相互交流を深めるリングとしての役割も持っている。こうした地域通貨は、地域資源を活用したコミュニティでの取り組みやコミュニティビジネスの発展のためのツールとしても活用されており、新たな地域経済社会のあるべき姿ともいえる。

27 地域コミュニティ
「コミュニティ（Community）」という概念は、歴史や文化を共有し、政治、経済などの様々な側面で結びついた共同体を意味している。このため、一般的には、このような地域に根付いたコミュニティを「地域コミュニティ」と理解していることが多い。日本においては、「町内会」や「自治会」が、こうした代表的な「地域コミュニティ」の基本単位として認識されてきている。

28 地域再投資法（CRA法）
1977年にアメリカ合衆国で制定された法律。地域の金融機関に対し、地域コミュニティの発展のために資産の一定割合をその地域に投融資することを規定している。地域のニーズへの対応を金融機関の義務として定め、その達成状況を金融機関監督機関が評価し、各金融機関の活動は一般に公開される。1995年のクリントン政権下にお

いて改正され、金融機関の地域貢献を査定する制度として活用されるようになった。

29 地域で支える農業（CSA）
「地域で支える農業（CSA: Community Supported Agriculture）」の理念は、生産者と消費者が連携して、持続可能な農業を創造していこうとする潮流である。この原点は、1960年代に日本で行われていた「産消提携」という営農形態であるといわれている。この理念は、消費者は安全な食糧供給を受ける代わりに、農地や農家を支援することにより、農家もその支援に応える農産物を作ることに専念できるというビジネスモデルである。

30 地産地消
地域で作られた農業生産物、地域でとれた漁業生産物を、その地域の生産物を大切にし、消費すること。地域の文化、特に食文化の伝承などの食良運動や、環境を守る運動に発展している。

31 チャレンジショップ
新規に店舗を開設したい起業家を支援するため、家賃や改装費の一部を支援し、簡易に開業ができるように準備された店舗をいう。空き店舗を活用したチャレンジショップ事業が富山で成果を上げたことを皮切りに、全国各地でチャレンジショップ事業が広がったが、開業した店舗が継続的に経営されるケースは少ない。

32 テーマコミュニティ
特定の地域に限定されない、共通のテーマの下、様々な活動を行う柔らかな「共同体」であり、高度情報基盤の整備が進展する中、地域の力だけでは解決できない複雑な社会問題を解決する重要な鍵となってきている。この背景には、インターネットの普及による情報収集能力の向上やWEB上での「インターネットコミュニティ」などが社会に浸透し、特定のテーマを共有する世界的なネットワークの形成も可能となったことがある。

33 特定非営利活動促進法
ボランティア活動などに法人格を与え、これからの社会を支える多様な市民活動の促進・醸成を図るために1998年に制定された法律。これにより市民活動の社会的認知度が向上し、多くのNPO法人が誕生した。一定の要件を満たせばNPO法人格が取得でき、社会的信用を得ることができるが、税制優遇措置などに課題が多く残されている。

34 ファシリテーション
会議の場などで、発言を促したり、話の流れを整理して合意形成へ導く手法・技術。ファシリテーションを行う者をファシリテーター（Facilitator）という。

35 フェアトレード
公正貿易。途上国の生産者に公正な賃金や労働条件を保証した価格で商品を購入することで、途上国の自立や環境保全を支援する国際協力の新しい形態。国や利益を追求する企業ではない市民が草の根的な運動から始めたことから民衆貿易とも呼んだ。参考ホームページ：オルタートレードジャパン http://www.altertrade.co.jp/01/01_02.html

36 ベーシック・インカム
生活の維持に必要な最低限の所得をすべての個人に無条件で支給するという構想。個人の所得控除を廃止して社会保障を統合するなどの考え方で、1980年代にヨーロッパで広がり、世界で議論されるようになった。

37 マイクロクレジット
金融機関の融資の対象となりにくい、低所得者や貧困層などに対して、NGOや国際機関などが少額の融資を行うこと。グラミン銀行がよく知られている。『大辞林第二版』参照。

38 ワーカーズ・コレクティブ

資金と知恵と力を出し合って経営を担いながら働く事業体であり、協同組合の形で働く場をつくっている。日本のワーカーズ・コレクティブは、1980年のICA大会におけるレイドロー報告を契機に1982年に生活クラブ生協の店舗経営を担う「にんじん」が第1号として誕生したが、原型は1800年代にヨーロッパで登場したWorkers' Co-operative（労働者協同組合）である。米国では1970年代にWorkers' Collectiveとして広がっていたため、この名称が日本で取り入れられた。日本にはまだ「出資・経営・労働」の協同組合を規定する法律がなく、同様の形態で事業を展開している日本労働者協同組合連合会（失業者の仕事づくりに取り組む中高年事業団・高齢者事業団の全国組織が1979年に結成され、1982年に千葉県の東葛病院の総合管理がモデル組織づくりの第1号となった。最近では、各地の児童館・保育園など公共サービスの分野に指定管理者として参画している。ワーカーズ・コープと称することもある）とともに法制化を求める活動を行い、2008年2月に「協同出資・協同経営で働く協同組合法を考える議員連盟」が超党派の国会議員で設立され、法案の検討が始まっている。

39 ワーク・ライフ・バランス

ワーク・ライフ・バランス（Work-Life Balance）とは、仕事と生活を調和させること。国際的に、労働者が仕事と生活を両立できるようにしていくことへの関心が高まっている。日本でも少子高齢化が進む中で、労働者の仕事と子育ての両立を支援する取り組みが求められている。次世代育成支援対策推進法においては、次世代を担う子どもたちが健やかに生まれ、育成されるように、企業の事業主は従業員の仕事と生活の両立支援策などの行動計画を策定することとされた。

さくいん

【英数】

A. スミス ……………………………………16
J. ガルブレイス ……………………………17
NPO バンク ………………………………142
P. ドラッガー ………………………………17
win-win ………………………18, 128, 172

【あ】

アウトソーシング ……………………73, 76
アカウンタビリティ（説明責任）………53, 106, 151
悪徳商法 …………………………………131
アドボカシー ………………………67, 106
新たな公共 …………………………………31
安保闘争 …………………………………117
出石まちづくり公社 ……………………178
一般財団法人 ……………………………147
稲城南山・里山コモンズ …………………28
インターネットコミュニティ ……………13
インターンシップ ………………………156
営利組織 ……………………………………76
欧州共同体 …………………………………13

【か】

ガーデンコミュニティ・マネジメントシステム …42
介護保険制度 ………………………98, 101
介護保険料 …………………………97, 104
会社法 ……………………………………101
賀川豊彦 …………………………………114
ガバナンス ……………………67, 95, 104
㈱いろどり …………………………………87
㈱黒壁 ………………………………………88
㈱まちづくり古川 …………………………21
㈱明宝レディース …………………………61
環境コミュニティビジネス ………………26
環境再生 ……………………………………30
環境と開発に関する世界委員会（WCED）…34
環境保全型 ………………………………134
環境保全機能 ………………………………35
観光振興 ……………………………………20
間接部門 ……………………………………77
関東経済産業局 …………………………142
企業組合 …………………………94, 99, 101
企業組合中央青空企画 …………………170
企業組合ひがしむら ………………………99
企業セクター ………………………………64

企業の社会的責任（CSR）……………17, 86
寄付 ………………………………………147
教育ファーム事業 …………………………23
行政経営 ……………………………………73
協働 …………………………………………98
協働型社会 …………………………………50
協同組合 ……………………19, 66, 112
協同組合原則 ……………………………113
共有財産（コモンズ）………………………28
居宅介護 …………………………………125
金融危機 …………………………………112
熊本城東マネジメント株式会社 ………169
グリーンツーリズム ……………22, 131, 166
黒壁スクエア ………………………………32
経済産業省 ………………………………150
経済的成果 …………………………………83
公益財団 …………………………………147
好縁コミュニティ …………………………39
公害 ………………………………………117
厚生労働省 ………………………………150
公的介護保険制度 …………………………50
公的セクター ………………………………52
高度経済成長 ………………………………72
コーズ・リレーティッド・マーケティング ……86
コーディネーター ………………………123
国際影響評価学会（IAIA）………………14
国際協同組合同盟（ICA）……………113, 152
国際労働機構（ILO）……………………115
国富論 ………………………………………16
志 ……………………………………………16
コミュニティ ………………………………13
コミュニティガーデン ……………………44
コミュニティスペース ……………………77
コミュニティバス …………………………84
コミュニティビジネス ……16, 50, 94, 140
コミュニティ利益会社（CIC）…………56, 67
雇用創出 ……………………………………62
コングロマリッド ………………………179

【さ】

サード・セクター …………………………66
里山 …………………………………………34
産業革命 …………………………………112
産業組合法 ………………………………114
産消提携 ……………………………………36
産直 ………………………………………132

事業型NPO	60
事業型まちづくり	169
事業型まちづくり会社	176
事業協同組合	124
事業共同体（コンソーシアム）	144
事業経営	168
事業収入	177
資金循環	173
資源循環型	134
自然エネルギー	26
持続可能な農業システム	26
持続可能な発展	34
指定管理者制度	142
市民主体	19
市民農園	23
下和泉自治会内さんさん倶楽部	45
社会監査	106
社会起業家	80, 94
社会指向型企業	59
社会性	104
社会的影響力	82
社会的企業	54, 94, 161
社会的共通資本	32
社会的経済	94, 108
社会的使命	103
社会的な価値	84
社会的包摂	97
社会福祉法人	154
終身雇用	112
受益者	168
商工会	158
商工会議所	158
少子高齢化社会	27
庄内まちづくり協同組合「虹」	88, 124
消費者保護	58
情報の非対称性	106
ショートステイ	125
食育	112
殖産興業	114
女性・市民（略称WCC）信用組合設立準備会	122
助成金	141
所得倍増計画	117
白穂災害	133
人材育成	142
人事交流	147
ステイクホルダー	30, 95, 104
生活クラブ生活協同組合	140
生活の協同	123
政策提言	99
正当性	104
設備投資	77

相互扶助	18, 98, 112
総有	29
ソーシャルキャピタル（社会関係資本）	100
ソーシャルビジネス	16, 59, 144

【た】

第1次産業	72
第2次産業	72
第6次産業	131
大学紛争	117
第三セクター	61
大正デモクラシー	114
大量生産・大量消費	117
高松丸亀町まちづくり株式会社	178
ダブル・ボトムライン	83
団塊の世代	72
男女雇用機会均等法	118
地域エネルギー	27
地域経営	38
地域経営組織	21
地域経済システム	19
地域貢献	19
地域交流	20
地域コミュニティ	13
地域再生	30
地域資源	39, 97
地域通貨	25
地域で支える農業（CSA）	36
地域密着	19
地縁コミュニティ	39
地球環境問題	12
地産地消	140
チャレンジショップ	166
中間支援組織（インターミディアリー）	67, 96, 140
中間組織	59
中小企業	71
中小企業支援センター	157
中小企業等協同組合法	152
中心市街地活性化	21
超高齢社会	112
ディーセントワーク	117
定期借地権	179
デイサービス	125
テーマコミュニティ	13
テーマコミュニティの森	38
田園都市論	23
東京ワーカーズ・コレクティブ協同組合	152
東西冷戦	117
道徳感情論	16
特定非営利活動促進法	112, 141
特定非営利活動法人（NPO法人）	19, 94, 101, 141

さくいん　205

特定非営利活動法人NPO会計税務専門家ネットワーク ……………………………………151
特定非営利活動法人アビリティクラブたすけあい …98
特定非営利活動法人おひさまくらぶ …………27
特定非営利活動法人かながわ福祉移動サービスネットワーク …………………………………170
特定非営利活動法人きょうとNPOセンター …146
特定非営利活動法人くらし協同館なかよし …128
特定非営利活動法人グリーンバード ………170
特定非営利活動法人コミュニティビジネスサポートセンター ………………………………149
特定非営利活動法人せんだい・みやぎNPOセンター ……………………………………143
特定非営利活動法人せんだいプチファーム ……23
特定非営利活動法人宝塚NPOセンター ………145
特定非営利活動法人日本ガーディアン・エンジェルス 180
特定非営利活動法人パブリックリソースセンター …148
特定非営利活動法人小川町風土活用センター（NPOふうど） ………………………………24
特定非営利活動法人藤前干潟を守る会 ………41
特定非営利活動法人フローレンス ……………51
特定非営利活動法人北海道グリーンファンド …26
特定非営利活動法人みどりのゆび ……………43
特定非営利活動法人ワーカーズ・コレクティブ協会 154
特別栽培米制度 ……………………………133
特別表示米制度 ……………………………134
徳への道 ………………………………………16
都市再生 ………………………………………30
徒歩圏マーケット …………………………170
富への道 ………………………………………16

【な】

内需型・地域循環型産業 ……………………112
菜の花プロジェクト ………………………35
鳴子の米プロジェクト ……………………24
南北問題 ……………………………………115
ネクスト・ソサエティ ………………………17
農協 …………………………………………61
農業協同組合 ………………………………140
農業振興 ……………………………………62
農地解放 ……………………………………132
農の多面的機能 ……………………………134

【は】

パートナーシップ ……………………44, 56
配当 …………………………………………77
花と緑の市民リーダー：新鮮組 ………………45
パパママストア ……………………………71
パルシステム生活協同組合連合会 …………140
非営利組織 ……………………………17, 76
非政府組織（NGO） ………………………41

ファンド・レイザー …………………………64
フィラデルフィア・グリーン ………………44
フェアトレード ……………………………115
不確実性の時代 ……………………………17
富国強兵 ……………………………………114
プラットフォーム …………………………123
ベトナム戦争 ………………………………117
法人格 ………………………………………161
補助金 ………………………………………164
ボランタリー・セクター ……………………62
ボランティア ……………………………50, 144

【ま】

マーケティング ……………………………141
マイクロクレジット ………………………115
マルチサイドプラットフォーム ……………77
マルチステイクホルダー ……………………104
ミッション …………………………………96
モチベーション ……………………………131

【ら】

リエゾン ……………………………………39
レイドロー報告 ……………………………152
連帯 …………………………………………98
ロイヤリティ ………………………………131
ロッチデール原則 …………………………113
ロッチデール公正開拓者組合 ………………113
ロバート・オーエン ………………………113

【わ】

ワーカーズ・コレクティブ ………18, 55, 94, 140
ワーカーズ・コレクティブ「風」 ……………99
ワーク・ライフ・バランス ………………100

【執筆者略歴】

●編著者

風見正三（かざみ　しょうぞう）
はじめに、第1講、おわりに
1960年茨城県生まれ。日本大学大学院、ロンドン大学政治経済大学院、東京工業大学大学院修了。博士（工学）。大成建設㈱などを経て、2008年より宮城大学事業構想学部教授。2012年4月より同学部副学部長。持続可能な地域づくりやコミュニティビジネスの研究と実践に携わる。専門は都市計画、地域計画、コミュニティビジネス。主著に『「明日の田園都市」への誘い』彰国社、『テーマコミュニティの森』ぎょうせい、『東日本大震災　復興への提言』東京大学出版会など。受賞歴に『第7回まちの活性化・都市デザイン競技国土交通大臣賞』など。

山口浩平（やまぐち　こうへい）　第2講
1977年生まれ。立命館大学大学院政策科学研究科修士課程修了。2000年～11年公益財団法人生協総合研究所。現在、駒澤大学経済学部非常勤講師。専門は社会政策・サード・セクター論。主著に「イギリスにおける社会的包摂政策とボランタリー組織の役割」福原宏幸編著(2007)『社会的排除／包摂と社会政策』法律文化社、「社会的企業での働き方―ワーカーズ・コレクティブの「新しい働き方」をふまえて」馬頭忠治・藤原隆信編著(2009)『NPOと社会的企業の経営学』ミネルヴァ書房など。

●著者

木下　斉（きのした　ひとし）　第3講、第7講
1982年東京都生まれ。98年早稲田大学高等学院在学中に早稲田商店会活動に参画。01年には㈱商店街ネットワークを共同設立し社長に就任。01年早稲田大学政治経済学部、05年一橋大学大学院商学研究科に進学。大学院在学中は経済産業研究所、東京財団研究員等を兼務して政策研究に取り組む。卒業後、熊本城東マネジメント㈱等を設立し、経営によるまちづくりを推進。現在、一般社団法人AIA代表理事のほか、全国各地の事業型まち会社の役員を務める。主著に『まちづくりの経営力養成講座』学陽書房など。

松本典子（まつもと　のりこ）　第4講
1980年東京都生まれ。2007年に駒澤大学大学院商学研究科博士後期課程修了、博士（商学）。2011年4月より駒澤大学経済学部准教授。駒澤大学では「非営利組織論」、明治大学では「コミュニティ・ビジネス事情」（兼任講師）を担当。研究テーマは、非営利組織の経営学。主著に「ソーシャル・エンタープライズとしてのワーカーズ・コレクティブ」塚本一郎・山岸秀雄編著(2008)『ソーシャル・エンタープライズ』丸善、「『社会的企業』の国際的動向とその評価をめぐって」『工業経営研究』第22巻など。

志波早苗（しば　さなえ）　第5講
1956年東京都生まれ。79年立教大学経済学部経営学科卒業。在学中に学んだ「協同組合論」で協同組合のもつ可能性を感じる。子育てを機に生協加入。89年～96年までパルシステム東京の前身生協の常任理事（3組織2度の組織合同）。00年～06年までNPO法人21世紀コープ研究センター、07年パルシステム生協連合会移籍運営室所属。現在、生活サポート生活協同組合・東京事務局。立教大学兼任講師で07年～08年「コミュニティビジネス論」、12年「いのちの尊厳と福祉」を担当。07年～NPO法人日本希望製作所監事。11年～日本協同組合学会常任理事・副会長。

藤木千草（ふじき　ちぐさ）　第6講
1956年東京都生まれ。79年日本女子大学文学部英文学科卒業。83年生活クラブ生協加入。92年「市民参加のまちづくり」に向けて「ワーカーズ・コレクティブ生活工房まちまち」を設立し、調査・編集・ワークショップ設計の事業開始。2006年「ワーカーズ・コレクティブザ・事務局ワーカーズ」にも加入。地域活動として国分寺地下水の会、国分寺の名水と歴史的景観を守る会、わらべうたと絵本お楽しみ会に参画。00～06年東京ワーカーズ・コレクティブ協同組合理事長、04～09年ワーカーズ・コレクティブネットワークジャパン（WNJ）代表、09年～WNJ事務局長、07年～日本協同組合学会常任理事。

コミュニティビジネス入門
地域市民の社会的事業

2009年10月30日　第1版第1刷発行
2016年11月30日　第1版第3刷発行

編著者･･･････風見正三、山口浩平
発行者･･･････前田裕資
発行所･･･････株式会社 学芸出版社
　　　　　　京都市下京区木津屋橋通西洞院東入
　　　　　　電話 075-343-0811　〒600-8216
　　　　　　http://www.gakugei-pub.jp/
装　丁･･･････KOTO DESIGN Inc.
印　刷･･･････イチダ写真製版
製　本･･･････山崎紙工

Ⓒ Shozo Kazami, Kouhei Yamaguchi, 2009
ISBN 978-4-7615-2473-9　　　　　　　Printed in Japan

JCOPY 〈㈳出版者著作権管理機構委託出版物〉
本書の無断複写（電子化を含む）は著作権法上での例外を除き禁じられています。複写される場合は、そのつど事前に、㈳出版者著作権管理機構（電話 03-3513-6969、FAX 03-3513-6979、e-mail: info@jcopy.or.jp）の許諾を得てください。
本書を代行業者等の第三者に依頼してスキャンやデジタル化することは、たとえ個人や家庭内での利用でも著作権法違反です。